I0129890

LA VIE PRIVÉE

D'AUTREFOIS

L'auteur et les éditeurs déclarent réserver leurs droits de traduction et de reproduction à l'étranger.

Cet ouvrage a été déposé au ministère de l'intérieur (section de la librairie) en janvier 1891.

LA VIE PRIVÉE D'AUTREFOIS

VOLUMES PARUS :

Les soins de toilette. Le savoir-vivre...... 1 vol.

L'annonce et la réclame. Les cris de Paris .. 1 vol.

La cuisine................................... 1 vol.

La mesure du temps : clepsydres, horloges, montres, pendules, calendrier............... 1 vol.

Comment on devenait patron : histoire des corporations ouvrières........................ 1 vol.
Ouvrage couronné par l'Institut (Académie des sciences morales et politiques.)

Les repas. La civilité de la table........... 1 vol.

L'hygiène : état des rues, égouts, voiries, fosses d'aisances, épidémies, cimetières.... 1 vol.

Les médicaments............................. 1 vol.

PARIS. — TYP. DE E. PLON, NOURRIT ET Cie, RUE GARANCIÈRE, 8.

LA VIE PRIVÉE

D'AUTREFOIS

ARTS ET MÉTIERS
MODES, MŒURS, USAGES DES PARISIENS

DU XIIᵉ AU XVIIIᵉ SIÈCLE

D'APRÈS DES DOCUMENTS ORIGINAUX OU INÉDITS

PAR

ALFRED FRANKLIN

VARIÉTÉS GASTRONOMIQUES

PARIS
LIBRAIRIE PLON

E. PLON, NOURRIT ET Cⁱᵉ, IMPRIMEURS-ÉDITEURS
RUE GARANCIÈRE, 10

1891

TABLE DES SOMMAIRES

I

LA SALLE A MANGER ET LE COUVERT.

Origines de la salle à manger et du salon. — La chambre de
parade. — Table, sièges, dressoir, buffet, crédence,
servante. — Le sol, les murs, le plafond. Jonchage
de paille et de fleurs. Nattes, cuir, tapisseries, papiers
peints. — L'éclairage. Torches, lampes, chandelles, bougies. — Nappes, serviettes, linge damassé. — Vaisselle
d'or et d'argent. Sa grandeur et sa décadence. Capital
accumulé. Ordonnances somptuaires. Cadeaux princiers.
Rareté du numéraire. Objets d'art envoyés à la fonte.
Nettoyage et marque de l'argenterie. — Écuelles, tranchoirs, assiettes, cuillères, couteaux. — Accessoires du
couvert. Surtout, nef, cadenas, salières, coquetiers, casse-
noix, pot à aumônes, etc   1

II

L'HEURE DES REPAS.

L'heure des repas au treizième et au quatorzième siècle. —
Le quinzième siècle. — Louis XII. — Le seizième siècle.
— Doit-on manger le matin ? — Origine de l'expression
tuer le ver. — Régime recommandé à Henri III par son
médecin. — Henri IV. — Plan de vie dressé par le médecin Héroard pour Louis XIII. — Le règne de Louis XIV.

— Les *chercheurs de midi.* — La Régence. — Le dîner retardé jusqu'à trois heures. — L'heure du théâtre. — Proposition faite par Panckoucke. — Le dîner retardé jusqu'à cinq heures. — Le dix-neuvième siècle reprend les heures de repas du dix-septième............ 97

III

JEUNES ET ABSTINENCES. — LA FÊTE DES ROIS.

Austérités imposées par l'Église aux fidèles. — Ce qu'était le jeûne. — Saint Louis. — Dispenses accordées à Charles V, à Anne de Bretagne et à Charles VII. — Clément Marot. — Tolérance de l'Église. — La Réforme. — Arrêts rendus au seizième siècle. — La foi se perd. — La dévotion de Louis XIV. — Visites domiciliaires. — On cherche à adoucir les rigueurs du carême. — Histoire des macreuses. — Doctrine d'Hecquet sur la digestion des aliments. — Éloge du maigre. — Comment s'obtenaient les dispenses. — L'Église les prodigue. — L'Hôtel-Dieu peut seul vendre des aliments gras pendant le carême. — Il renonce à son privilège. — La liberté. — Origine de la fête des Rois. — Comment elle se célébrait. — L'Église y condamne les réminiscences du paganisme. — On brave la Sorbonne. — La fête des Rois sous Louis XIV. — Le *Mercure galant* et Sébastien Mercier...... 123

IV

LOUIS XIV A TABLE.

Les repas *au petit couvert.* — Les repas en campagne. — Les repas *au grand couvert.* — Louis XIV a-t-il admis Molière à sa table? — Les repas du roi *en public.* — Les repas de Napoléon au grand couvert. — Essai sur l'histoire de l'étiquette. — Les primeurs. — Le maître d'hôtel Andiger. — Passion des Parisiens pour les petits pois. — *Les costeaux ou les marquis-frians.* — Louis XV et les fraises 175

V

LES CURE-DENTS.

Les cure-dents du roi Charles V. — Les curettes et les
aiguillettes. — Le bois de l'entisque. — Le cure-dent de
Coligny. — Anne de Montmorency et le cardinal de Lorraine. — Les curé-dents de métal. — Le cyprès, le romarin et le myrte. — Les cure-dents de fenouil. — *Le
curieux impertinent* de Destouches.............. **223**

ÉCLAIRCISSEMENTS

I. Extrait du *Ménagier de Paris*. Année 1393. — II. *La
plainte du caresme*. Année 1644. — III. Extrait du
Maistre d'hostel, par Pierre David. Année 1659. —
IV. Extrait de *La maison réglée*, par Audiger. Année 1692.
— V. Un diner à la Bastille au dix-huitième siècle.
Extrait des *Mémoires* de Marmontel............. **235**

LA
VIE PRIVÉE D'AUTREFOIS

VARIÉTÉS GASTRONOMIQUES

LA SALLE A MANGER ET LE COUVERT.
L'HEURE DES REPAS. — JEUNES ET ABSTINENCES.
LOUIS XIV A TABLE. — LES CURE-DENTS.

I

LA SALLE A MANGER ET LE COUVERT.

Origines de la salle à manger et du salon. — La chambre de
parade. — Table, sièges, dressoir, buffet, crédence,
servante. — Le sol, les murs, le plafond. Jonchage
de paille et de fleurs. Nattes, cuir, tapisseries, papiers
peints. — L'éclairage. Torches, lampes, chandelles, bougies. — Nappes, serviettes, linge damassé. — Vaisselle
d'or et d'argent. Sa grandeur et sa décadence. Capital
accumulé. Ordonnances somptuaires. Cadeaux princiers.
Rareté du numéraire. Objets d'art envoyés à la fonte.
Nettoyage et marque de l'argenterie. — Écuelles, tranchoirs, assiettes, cuillères, couteaux. — Accessoires du
couvert. Surtout, nef, cadenas, salières, coquetiers, casse-
noix, pot à aumônes, etc.

Il a fallu à l'homme bien des siècles pour
changer en un plaisir fin et délicat ce qui resta
pendant si longtemps la grossière satisfaction

d'un besoin[1], et Brillat-Savarin a eu raison
de dire que l'homme d'esprit seul sait manger. Je n'ignore pas que les autres mangent
tout de même, et que s'il est une nécessité
à laquelle nous soyons tous assujettis, c'est
celle-là. Eh bien, en dépit de cette incontes-
table vérité, je m'occuperai surtout dans ce chapitre des usages adoptés par la haute société,
par les classes riches. Mon excuse est que les
pauvres gens n'avaient, à vrai dire, ni salle à
manger ni couvert. Et puis, sur ce point
comme sur bien d'autres, les documents, assez
abondants pour ce qui regarde la noblesse,
deviennent rares dès qu'il s'agit de la bourgeoisie, et manquent tout à fait en ce qui concerne le peuple.

Quand on cherche à reconstituer une époque dont plusieurs siècles nous séparent,
l'imagination est une dangereuse alliée, et il
ne faut pas trop se fier à elle du soin d'inter-
préter les textes. C'est cependant le seul procédé que je puisse indiquer à mon lecteur, s'il
désire combler des lacunes plus faciles à
constater qu'à remplir. Ainsi le roi Charles V
possédait dix-sept salières d'or; nous savons

---

[1] Voy., dans cette collection, *La cuisine*.

également que dans la bourgeoisie, ces ustensiles étaient remplacés par des morceaux de
pain creusés au centre et placés de distance en
distance sur la table. C'est tout ; mais n'est-on
pas autorisé à supposer que le peuple reculait
même devant cette dépense? Le comte de
Foix faisait éclairer sa salle à manger par douze
valets, tenant chacun à la main une torche de
cire ; je ne sais au juste comment s'éclairait le
peuple, mais il est bien probable qu'il se contentait d'un lampe fumeuse, ou d'une chandelle de résine fichée dans un chandelier de
bois. De ce que, dans les plus opulentes
demeures, les convives n'avaient souvent
qu'une seule écuelle pour deux personnes, on
peut bien conclure, sans crainte de se tromper, qu'ailleurs on dînait de très bon appétit en puisant dans le plat chacun à son
tour.

N'oublions pas non plus que si nos pères
adoraient le luxe, ils n'avaient aucune idée de
ce que nous appelons le confortable. Le
moyen âge tenait surtout à l'éclat, et tel grand
seigneur dont le dressoir était surchargé de
vaisselle d'or, mangeait à l'ordinaire dans de
l'étain ou de la terre cuite. De même, on n'eût
peut-être pas trouvé à Paris un seul gourmet,

mais tous les habitants étaient gourmands, gros mangeurs, et se plaisaient fort à table.

Aussi, la chambre où se prenaient les repas était-elle toujours la plus importante du logis. On n'eut, d'ailleurs, que fort tard l'idée de donner une destination spéciale à chacune des pièces qui le composaient, et jusqu'au dix-septième siècle, il n'y eut, en réalité, pas de salle à manger. Les jours de gala, on dressait des tables dans la *grand'salle* du château ; c'est dans cette salle que s'organisaient les banquets pantagruéliques au cours desquels l'amphitryon offrait à ses invités le spectacle des *entremets,* sorte de représentations théâtrales où de nombreux cavaliers jouaient parfois un rôle [1]. La table alors, et dans une foule d'autres circonstances, consistait en un ou plusieurs plateaux de bois [2] posés sur des tréteaux.

Pour les repas de chaque jour, le seigneur se faisait servir soit dans la pièce où il couchait, soit dans la cuisine. Il en était encore ainsi au seizième siècle ; le connétable de Montmorency disait qu'un gentilhomme ne savait plus faire bonne chère dès qu'il avait

[1] Voy. *Les repas,* p. 85 et suiv.
[2] Ce sont ces plateaux que l'on nommait table.

dépassé cinq cents livres de revenu, « parce
que, voulant trancher du grand, mange en sa
salle, à l'appétit de son cuisinier, où auparavant, prenant ses repas à sa cuisine, se faisoit
servir à sa fantaisie [1]. » La salle dont parle ici
Olivier de Serres, avait remplacé la grand'salle
des anciens manoirs. Vaste encore, et située
au rez-de-chaussée, c'était le lieu ordinaire de
réception et de réunion ; c'est là que se tenaient
habituellement le châtelain et sa famille, là
qu'on introduisait les hôtes. Cette *salle* prit le
nom de *salon*, lorsque, vers la fin du siècle
suivant, les pièces réservées aux repas devinrent d'usage plus général. Elles étaient encore
fort rares sous Louis XIV, même à Versailles,
où le grand roi mangeait dans sa chambre à
coucher, sur une table carrée que l'on instal-
lait en face d'une fenêtre [2].

Jadis, si des entremets devaient égayer le
festin, on dressait les tables autour de la
salle, de manière que le milieu restât libre ;
mais dans la vie de chaque jour, la table occupait le centre de la pièce. Elle avait, en général, la forme d'un carré long, et était plus

---

[1] Olivier de Serres, *Théâtre d'agriculture*, liv. I, chap. 5,
p. 21.
[2] Voy. ci-dessous, p. 175.

étroite et plus haute que les nôtres. Les convives se plaçaient d'un seul côté; l'autre,
destiné à faciliter le service, recevait les plats
à mesure qu'on les apportait.

Pendant longtemps, le banc fut dans les
appartements le siège par excellence. La
fourme n'était qu'un banc divisé en stalles; le
faudesteuil et la *chaire* étaient des sièges d'honneur; l'*escabeau* et la *sellette*, diminutifs du
banc, ne passaient pas pour des meubles
sérieux et ne convenaient qu'aux petites gens.
Un banc, qui souvent faisait corps avec elle,
était donc presque toujours associé à la table
à manger; c'est même de là qu'est venu notre
mot *banquet*. Mais ce banc pouvait être muni
d'un dossier richement sculpté, précédé d'une
marche élevée, et recouvert soit de coussins
ou *carreaux*, soit d'une pièce d'étoffe dite
banquier ou *banchier*. En 1387, Isabeau de
Bavière fit « appareiller et mettre à point son
banquier de drap d'or, et reffaire plusieurs
trous qui estoient despéciez, et recoudre en
plusieurs lieux [1]. » Charles V, au Louvre,
n'occupait pas à table un siège à part. Un banc
de trois pieds de large sur vingt de long, et

---

[1] Douët-d'Arcq, *Nouveaux comptes de l'argenterie,*
p. 226.

surmonté dans toute son étendue d'un dais
qui était la continuation du dossier, réunissait
les convives d'un côté de la table[1]. Dans l'inventaire des meubles d'Anne de Bretagne, on
voit mentionnée «une table en chêne de quinze
pieds de long, avec un banc de même étendue
pour la salle à manger de la reine[2].»

Au dix-septième siècle, la table devient
tantôt ovale, tantôt oblongue; mais, dans ce
dernier cas, elle est coupée aux angles, et
forme ainsi un octogone très irrégulier autour
duquel se rangent les invités. Le banc a disparu, aussi bien que les carreaux qui le recou-
vraient : il est remplacé par des sièges rem-
bourrés et à l'usage d'une personne seule.

Près de la table se plaçait la *crédence*,
petite armoire toujours fermée avec soin, et
qui renfermait les objets employés pour l'*essai*[3]. On y voyait quelques coupes; la *corne de
licorne*, tenant à une chaîne d'or et enchâssée
dans le même métal; le *languier*, espèce de
salière d'or ou d'argent où reposaient les *lan-*

[1] Voy. Le Roux de Lincy, *Comptes des dépenses faites
par Charles V au château du Louvre*, p. 26.
[2] *Bibliothèque de l'École des chartes*, année 1849,
p. 162.
[3] Crédence vient du latin *credere*, croire, se fier. L'*essai*
se nommait *credentia*. Voy. le *Glossaire* de Ducange.

gues de serpent. Je reviendrai plus loin sur tout cela.

Autour de la salle, des dressoirs et des buffets complétaient l'ameublement. Le *dressoir* représentait une étagère, souvent surmontée d'un dais sculpté, et dont les tablettes, revêtues de nappes, offraient aux regards ce que le maître du lieu avait de plus précieux : la vaisselle plate, la nef, les pièces d'orfèvrerie, une foule d'ustensiles d'or et d'argent. Le *buffet* ne différait. guère du dressoir que par ses dimensions. Meuble honnête, commode, modeste, il était utilisé pour le service de la table, et les bourgeois y étalaient leurs poteries variées et leur brillante vaisselle d'étain. Quant au dressoir, privilège de la noblesse, imposant monument de vanité et d'orgueil, il restait sans emploi. Il figurait dans la *salle* parce que, comme je l'ai dit, il n'aurait été nulle part plus en vue, mais on s'empressait de le transporter dans toute pièce appelée à devenir momentanément lieu de réception, par exemple dans la chambre où la nouvelle accouchée recevait les félicitations de ses amies. Il prenait place, même dans les rues le jour de la Fête-Dieu, devant les tapisseries dont les maisons étaient tendues. Le voyageur Thomas Coryate qui, en 1608, visita Paris ce jour-là, y constata la présence « de dressoirs recouverts d'argenterie, sur lesquels on avoit rassemblé des vases du plus grand prix, et tout ce qui peut se faire de plus luxueux [1]. »

Au quinzième siècle encore, une étiquette sévère réglait le nombre de degrés que pouvait avoir le dressoir, suivant la qualité des personnes. La femme d'un chevalier banneret devait se borner à deux, une comtesse avait droit à quatre, et une duchesse à cinq [2]. Lorsque la comtesse de Charolais enfanta Marie de Bourgogne, « il y avoit dans sa chambre ung grand dressoir, sur lequel il y avoit quatre beaux degrez, aussy longs que le dressoir estoit large, et touts couverts de nappes. Ledit dressoir et les degrez estoient touts chargez de vaisselles de cristalle garnies d'or et de pierreries, et sy en y avoit de fin or ; car toute la plus riche vaisselle du ducq Philippe y estoit, tant de pots, de tasses, comme de couppes de fin or. Autres vaisselles et bassins lesquels on

---

[1] Voy. les *Mémoires de la société de l'histoire de Paris*, t. VI, p. 37.

[2] Aliénor de Poitiers, *Les honneurs de la cour*, p. 189 et 203

y met jamais qu'en tel cas. Entre autre vaisselle, il y avoit sur ledit dressoir trois drageoirs.[1] d'or et de pierreries, dont l'un estoit
estimé à quarente mil escus, et l'autre trente
mil[2]. » On vit bien une autre merveille au
repas qui suivit le mariage d'Anne de Foix
avec Ladislas VI, roi de Pologne, « un buffet
à neuf degrez, garnis de coupes, flacons,
cuves de dessertes, potz, éguyères d'or et
d'argent, chacun degré de quinze pièces[3]. »
Il est vrai que ceci se passait au début du
seizième siècle, en 1502.

A dater de ce siècle, les expressions *dressoir, buffet, crédence* sont sans cesse prises les
unes pour les autres[4], en dépit de l'étymo-

---

[1] Le drageoir contenait les sucreries, les confitures, les
épices fines. Ordinairement posé sur un plateau, il était
accompagné de cuillères. Charles V possédait dix drageoirs
d'or et dix-huit d'argent.

[2] Aliénor de Poitiers, *Les honneurs de la cour*, p. 176.

[3] *Bibliothèque de l'École des chartes*, année 1861, p. 433.

[4] « Comme je luy disois cecy, il se print à soubrire, et
me demanda si je n'avois point jetté les yeux sur la crédence.
Je luy demanday que c'estoit qu'il vouloit dire, et il me
monstra le buffet, disant que là on l'appelloit ainsi. Il estoit
long de huict pieds, large de cinq; le bois estoit d'ébène
esmaillé de balais (*rubis de couleur rouge rosé*), spinelles
(*rubis de couleur rouge cerise*), grenades (*grenats*), amé-
thistes, hiacynthes, cornalines, lapis et autres pierres précieuses. Là-dessus il y avoit un petit escalier de quatre ou
cincq degrès seullement, qui contenoit toute la longueur du

logie. Puis, le mot dressoir disparaît. Le buffet réduit ses proportions sans modifier sa forme, et vient ainsi jusqu'à nous. On utilise aussi l'ancienne crédence, le petit meuble placé près de la table et qui renfermait les objets destinés à l'essai ; il recevra le nom de *servante* au début du dix-huitième siècle, le jour où l'on commencera à trouver importune la présence continuelle de valets dans la salle à manger.

Bien que le treizième siècle connût déjà les

buffet, et le tout couvert d'un linge pareil à la nappe. Puis sur les marches de cest escalier y avoit plusieurs sortes de vaisselles d'or, d'argent, de pourcelaine (*Qu'était-ce que cette pourcelaine? de l'agate, de la calcédoine, comme le suppose M. Labarte dans son* Inventaire de Charles V, p. 220; *ou de la nacre de perle, comme le veut M. de Laborde dans sa* Notice des émaux, p. 465) et de cristal; comme plats, bassins, assiettes, esguières, flaccons, coupes, gondoles, vases, hanaps et semblables ustencilles de table. » (Guillaume de Rebreviettes, *Les erres de Philaret* [1611], 1re partie, p. 59). — « On souloit nommer cela autresfois le buffet, mais comme les termes ne sont jamais semblables en ce pays-là deux années consécutives, on le nommoit alors la crédence; peut-estre que maintenant ils luy auront encore changé de nom. » (Artus d'Embry, *Description de l'isle des hermaphrodites* [1605], p. 98. — Gilles Corrozet, en 1539, lui conserve le nom de *dressouer*, tout en lui donnant la forme des anciennes crédences. (Voy. ses *Blasons domestiques*, p. 21). — En 1668, il a repris le nom de buffet. Aux fêtes données à Versailles le 18 juillet de cette année, le « buffet avoit quatre degrés de deux pieds de large et de trois à quatre pieds de haut. » (Voy. Félibien, *Relation de*

tapis et les tapisseries, qu'il s'en fabriquât même à Paris [1], on leur préféra longtemps les fleurs et les rameaux verts pendant l'été, la paille pendant l'hiver. Le roi s'en contentait, et après lui les pauvres malades de l'Hôtel-Dieu, dont les longues salles dallées étaient souvent bien froides. Par une charte datée du mois de mars 1208, Philippe-Auguste ordonna que chaque fois qu'il quitterait Paris pour aller loger ailleurs, on transporterait dans cet hôpital toute la paille provenant de sa chambre et de son palais [2]. L'ordonnance de Philippe-Auguste, tombée sans doute en désuétude, fut renouvelée cent ans après par Philippe le Bel, qui l'étendit aux hôpitaux les plus proches de tous les lieux où le roi feraït sa résidence [3].

Quand Charles V meuble son palais du

___

la fête de Versailles, dans les OEuvres de Molière, t. VI, p. 628.)

[1] Voy. dans le *Livre des métiers* d'Ét. Boileau, les statuts des *Tapissiers de tapiz sarrazinois* et des *Tapissiers nostrez* (titres LI et LII).

[2] « Pro salute animæ nostre, Domui Dei Parisiensi quæ sita est ante matrem ecclesiam Beate Marie concedimus, ad usus pauperum ibidem decumbentium, omne stramen de camera et domo nostra parisiensi, quociens de Parisius recedimus. » *Ordonnances royales,* t. XIX, p. 375.

[3] Avril 1309. *Ordonnances royales,* t. I, p. 473.

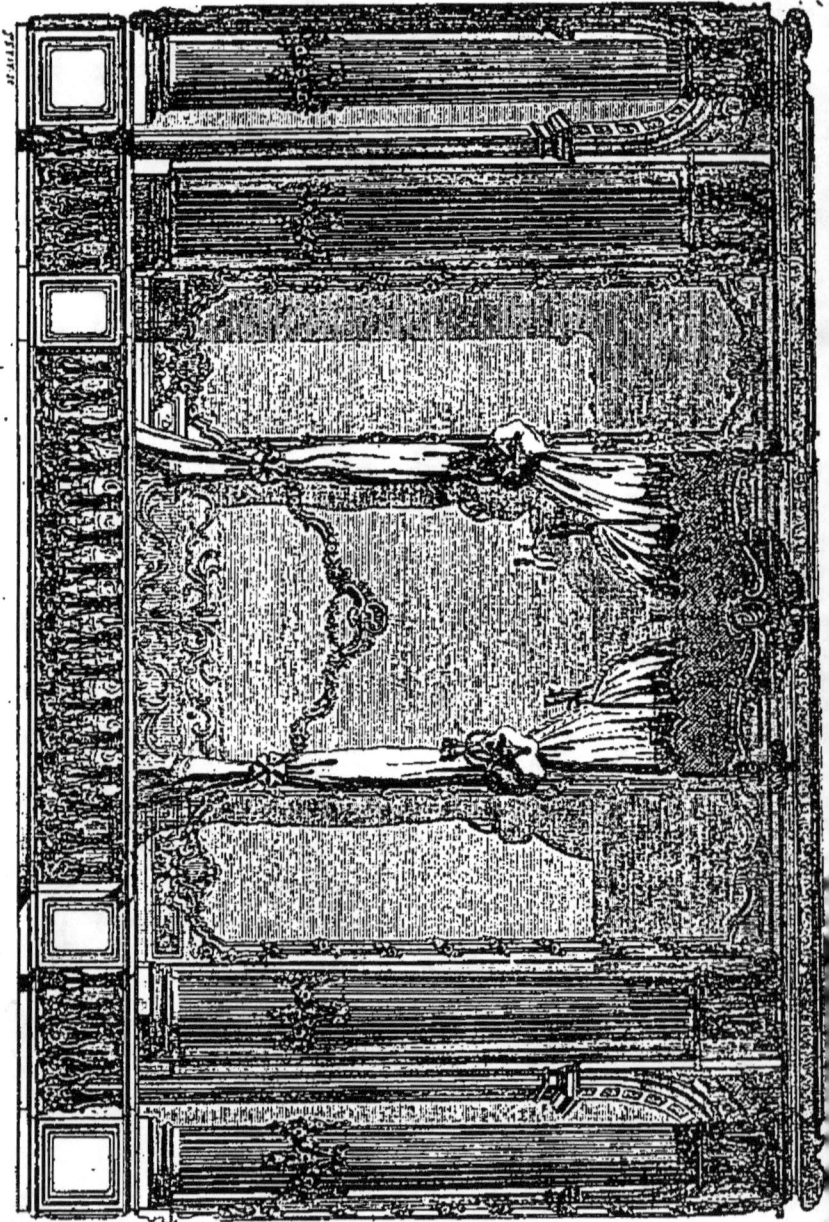

CHAMBRE DE PARADE.

D'après *L'architecture de Blondel.*

Louvre avec tout le luxe dont pouvait alors
s'entourer un puissant roi, il ne songe pas à
orner de tapis, même sa chambre de parade [1] :
il se borne à remplacer le jonchage ordinaire
par des nattes de paille [2].

Peu de coutumes eurent un caractère plus
général et une plus longue durée. Les églises
étaient jonchées de paille le jour de Noël,
d'herbes odoriférantes le jour de l'Assomp-
tion, et le soin de fournir ces dernières incom-
bait tour à tour aux prieurés situés dans l'ar-
chidiaconé de Josas. Vers la fin du quinzième
siècle, ils étaient déchargés de cette rede-

---

[1] On nommait *chambre de parade*, *chambre à parer* ou
chambre de parement une pièce destinée à loger les hôtes de
distinction. Décorée avec une richesse extrême, on y réunissait les objets les plus précieux du logis. On y voyait toujours un grand lit, mais qui restait sans emploi en dehors
des occasions solennelles. Dans les demeures très opulentes,
il existait parfois jusqu'à deux chambres de ce genre.
Christine de Pisan décrit ainsi l'appartement d'une grande
dame en couches : « Ains que on entrast par sa chambre,
on passoit par deux autres chambres, moult belles, où il y
avoit à chacune ung grant lit de parement, bien et richement encourtiné, et en la seconde, avoit ung grant dreçouer
tout chargié de vaisselle d'argent blanc. » (*Le livre des
trois vertus*, publié par L. de Backer, p. 133). — La mode
des chambres de parade subsista jusqu'au dix-huitième siècle.
Voy. J.-F. Blondel, *Cours d'architecture*, édit. de 1777,
t. VII, p. 107, et les planches de l'*Encyclopédie raisonnée*,
art. *Architecture*.

[2] *Comptes des dépenses*, etc., p. 30.

vance, et l'on s'accommodait d'herbe fauchée dans les prés de Gentilly [1].

La rue du Fouarre, berceau de nos Facultés des lettres et des sciences [2], doit son nom [3] à la paille dont on recouvrait le sol des salles de cours. En somme, les écoliers étaient traités comme le souverain, sauf peut-être que celui-ci pouvait s'offrir une litière plus épaisse et plus souvent renouvelée. Au mois de février 1371, Charles V exempte du droit de prise [4] les habitants d'Aubervilliers, à la condition qu'ils fourniront pour la demeure royale quarante charretées de paille bonne et convenable, vingt charretées pour l'hôtel de la reine, et dix pour celui du Dauphin [5]. En septembre 1406,

[1] Lebeuf, *Histoire du diocèse de Paris*, t. I, p. 17.

[2] Vers 1213, les différentes spécialités représentées dans l'enseignement se partagèrent en trois Facultés, et la Faculté des Arts, qui finit par représenter notre enseignement classique, s'établit dans la rue du Fouarre.

[3] Du vieux mot français *feurre* ou *fouarre*, synonyme de paille. Dès le treizième siècle, cette rue est nommée *vicus straminum* (*Cartulaire de Notre-Dame*, t. IV, p. 387). Au quatorzième apparaît *rue du Feurre*. — Sur les différents noms qu'a portés cette rue, voy. A. F., *Recherches sur le plan dit de Tapisserie*, p. 106 et suiv.

[4] Les cuisiniers appartenant à la maison royale avaient le droit de prélever sur les marchés tout ce qui était nécessaire pour le service de leurs maîtres. Mais ces fournitures forcées n'étaient pas toujours bien régulièrement payées.

[5] *Ordonnances royales*, t. V, p. 462.

Charles VI accorde la même faveur aux habitants de Suresnes, de Puteaux et de Chenevières, à charge par eux de livrer chaque année huit charretées de paille de seigle, « pour nous, dit-il, nostre compagne, et nostre très chier et très amé filz le Daulphin [1]. »

Aussitôt qu'arrivait le mois de mai, les fleurs remplaçaient la paille. On en jonchait le sol, on en faisait des couronnes dont les convives aimaient à se parer, on en entourait les aiguières et les vases à boire, on en composait des surtouts embaumés. Dans *Les crieries de Paris*, pièce curieuse rimée au treizième siècle [2], Guillaume de La Villeneuve fait ainsi parler les bouquetières :

> J'ai joncheure de jagliaus,
> Herbe fresche ! . . . .
> Frès jonc à moult grant alenée,
> Or çà, à la longue denrée !

Nous savons aussi par Martial d'Auvergne que, dans la grand'chambre du parlement d'amour,

> . . . . Au lieu d'herbe verd
> Qu'on ha accoustumé d'espandre,

[1] *Ordonnances royales*, t. IX, p. 138.
[2] Voy., dans cette collection, *L'annonce et la réclame, les cris de Paris*.

Tout le parquet estoit couvert
De rosmarins et de lavande[1].

En 1424, Colete la Moinesse touche trente-
deux sous, pour avoir jonché d'herbe verte
l'Hôtel de ville depuis le mois de mai jusqu'à
la fin de septembre, c'est-à-dire pendant l'été.
En 1440, le nattier Évrard de Trye fournit de
nattes pendant l'hiver, d'octobre à la fin
d'avril, les deux pièces où la municipalité
tenait ses séances, et il reçoit en payement
une somme de huit sous parisis[2].

Le jagliau cité plus haut était sans doute
notre glaïeul à fleurs violettes, et les variétés
déjà nombreuses du jonc servaient à dissimuler les murailles, que l'on tapissait aussi
de lierre et de divers rameaux fleuris. Froissart nous raconte que, peu d'heures avant de
mourir, le comte de Foix « entra dans sa
chambre, et la trouva toute jonchée de ver-
dure fraîche et nouvelle, et les parois d'environ toutes couvertes de verds rameaux,
pour y faire plus frais et odorant, car le temps
et l'air au dehors étoit malement chaud[3]. »
Ces rustiques décorations n'empêchaient pas,

---

[1] *Arrêts d'amour*, prologue; édit. de 1731, t. I, p. 7.
[2] Le Roux de Lincy, *Histoire de l'Hôtel de ville*, p. 10.
[3] *Chronique*, liv. IV, chap. 23; édit. Buchon, t. III,
p. 120.

d'ailleurs, la peinture des murs à l'huile ou à la colle[1].

Le seizième siècle n'innove rien en cette matière. Le sol, désormais planchéié, continue à être jonché d'herbes et de fleurs en été, couvert de nattes dès que le froid se fait sentir : « Nous trouvasmes ceste chambre toute jonchée de roses, giroflées et autres fleurs; mais c'estoit avec beaucoup d'espesseur, car on disoit que cela soulageoit fort les pieds de celuy qui estoit seigneur du lieu[2]. » En juin 1549, au banquet donné par la Ville à la reine Catherine, on avait eu soin de « semer ez salle fines herbes odorantes[3]. » L'entrée d'Élisabeth d'Autriche ayant eu lieu au mois de mars, la salle du festin qui lui fut offert, avait été « natée bien et duement de nattes neufves, bonnes, loyales, etc. [4] »

[1] Voy. Sauval, *Antiquités de Paris*, t. II, p. 281.

[2] *Description de l'isle des hermaphrodites*, p. 20. — Voy. aussi les *Blasons domestiques* de G. Corrozet (1539), p. 15 :

    Chambre où pour faire ung doux marcher
    On a embrissé le plancher,
    Chambre natée en toute place,

    . . . .

    Chambre d'herbe verte semée.

[3] Voy. Cimber et Danjou, *Archives curieuses*, t. III, p. 422.

[4] *Devis et marchés passés par la ville de Paris pour l'en-*

Pendant la belle saison, l'immense cheminée se remplissait de feuillages. C'est là que,
dans un moment critique, va se cacher Bonivet
surpris par François Ier : « Par cas, dit Brantôme [1], on estoit en esté, où l'on avoit mis des
branches et feuillés en la cheminée, ainsi
qu'est la coustume de France. » La Framboisière, médecin de Henri IV, recommandait
l'usage des herbes vertes, même pendant les
grands froids : « Durant une extrême froidure,
écrit-il, il se faut tenir clos et couvert, et faire
sacrifice à Vulcan [2] en une belle chambre bien
nattée ou tapissée tout à l'entour, et quarelée
par bas de romarin, pouliot, origan, mar-
jolaine, lavende, saulge et autres herbes semblables [3]. »

Peu à peu, les nattes deviennent plus élé-
gantes ; on les tresse avec des pailles de
diverses couleurs qui forment des arabesques,
des compartiments [4]. Puis, on voit leur suc-
céder les tapis de laine où l'art entrelace des

trée solennelle de Charles IX et de la reine, dans la Revue
archéologique, t. V, p. 678.
  [1] Édit. Lalanne, t. IX, p. 712.
  [2] Faire bon feu.
  [3] Le gouvernement nécessaire à chacun pour vivre lon-
guement en santé. Dans ses OEuvres, 1613, in-4°, p. 115.
  [4] Voy. Contant d'Orville, Mélanges tirés d'une grande
bibliothèque, t. C, p. 167.

fleurs toujours fraîches, en même temps que pour l'été on substitue le cuir gaufré aux jonchées de fleurs naturelles.

Nattes et cuir servent également pour la décoration des murailles, aussi bien que les tapis de soie et les tapisseries de haute lice. Le 22 décembre 1532, on achète quatre-vingt-douze toises de nattes « pour le par terre et le pourtour de la chambre du Roy et autres du chastel du Louvre [1]. » La salle à manger décrite dans le *Philaret* par Guillaume de Rebreviettes, est tendue de soie et de tapisseries : « Vers le nord, ce n'estoit qu'une simple muraille sans fenestres, parée d'un grand tapis de soye qui seul couvroit tout ce grand mur-là [2]. » Dans celle que nous dépeint Artus d'Embry, on avait préféré le cuir gaufré et doré : « J'occupois mon esprit à regarder la tapisserie du lieu, qui estoit d'un cuir doré entremeslé de vert [3]. »

Dès le règne de Henri VIII, on avait songé en Angleterre à recouvrir les murs avec du papier imprimé imitant la laine. La France

---

[1] L. de Laborde, *Comptes des bâtiments du roi*, t. II, p. 208.

[2] Page 33.

[3] *Description de l'isle des hermaphrodites*, p. 102.

n'entra que très tard dans cette voie. Jean Papillon et Jacques Chauveau, à la fin du dix-septième siècle ; Aubert d'abord, puis Reveillon, à la fin du dix-huitième, perfectionnèrent successivement les procédés de fabrication. Ce dernier obtint des résultats admirables, mais ses beaux papiers revenaient, dit Mme de Genlis [1], « aussi cher qu'une tenture des Gobelins ; » les qualités inférieures, qu'on pouvait livrer à bon marché, étaient affreuses. Cette innovation eut donc beaucoup de peine à se faire accepter, et l'on ne se doutait guère, même après la Révolution, que les temps étaient proches où une mesquinerie forcée allait presque partout remplacer les riches tapisseries et les merveilleuses boiseries des siècles passés, par des bandes de papier reproduisant sans cesse le même dessin autour d'une pièce. Contant d'Orville écrivait encore en 1779 : « Les papiers peints sont renvoyés par les personnes riches dans leurs garde-robes, et tout au plus dans les petites chambres des maisons de campagne. Malgré cela, il est étonnant à quel point ces papiers imitent quelquefois le damas [2]. »

---

[1] *Discours moraux*, édit. de 1802, p. 254.
[2] *Mélanges tirés d'une grande bibliothèque*, t. C, p. 172.

Presque toujours, les solives du plafond
étaient apparentes. Tantôt on laissait au chêne
sa couleur naturelle, tantôt on le peignait,
comme les lambris, en rouge ou en tanné.
Madame de Rambouillet est la première qui se
soit « avisée de faire peindre une chambre
d'autre couleur, et c'est ce qui a donné à sa
grand'chambre le nom de chambre bleue[1]. »

Pour éclairer le soir la salle où ils mangeaient, les grands seigneurs se servirent
d'abord de torches tenues par des valets, ce
qui permettait d'exhiber une livrée nombreuse.
Grégoire de Tours raconte qu'un des passe-
temps du cruel Ranching était de forcer ses
esclaves à conserver la torche allumée entre
leurs jambes nues, jusqu'à ce qu'elle fût consu-
mée[2]. Quand Gaston de Foix, le plus fastueux
chevalier de son temps, se rendait à la salle où
il devait souper, « devant lui avoit douze torches allumées que douze varlets portoient, et
icelles douze torches tenues estoient devant sa

— La Mésangère, parlant des *papiers-tapisseries,* disait en
1797 : « Quoiqu'ils soient moins meublans que les tapisseries, il est à croire que l'usage s'en maintiendra, l'effet en
est plus agréable et le renouvellement moins coûteux. »
Le voyageur à Paris, t. II, p. 153.

[1] Tallemant des Réaux, *Historiettes,* t. II, p. 487.
[2] *Historia Francorum,* lib. V, cap. 3.

table, qui donnoient grant clareté en la salle[1]. » Mais ce luxe n'était pas à la portée de tout le monde. En général, on employait soit des chandelles qui, comme aujourd'hui, renfermaient une mèche de coton, soit des lampes en terre, en verre ou en métal.

Au début, ces lampes sont assez exactement représentées par nos veilleuses actuelles : un godet rempli d'eau, puis une couche d'huile sur laquelle flotte une petite mèche. Mais vers le treizième siècle, un perfectionnement s'opéra dans l'éclairage : Le godet s'augmenta de becs saillants destinés à recevoir une ou plusieurs mèches qui les débordaient un peu, et dont l'autre extrémité plongeait dans l'huile. Un second récipient, plus petit et que l'on pouvait facilement enlever pour le vider, pendait au-dessous du premier : c'est là que glissaient les gouttelettes coulées de la mèche. Ces lampes, souvent accrochées au plafond, étaient munies d'une chaîne, d'une crémaillère, ou même d'un contre-poids comme les suspensions de nos salles à manger. Pour former la mèche, on utilisait la moelle d'une espèce particulière de jonc, et les petits marchands qui parcou-

---

[1] Froissart, *Chronique*, liv. III, chap. 13 ; édit. Buchon, t. II, p. 399.

Comment s'éclairait, en 1771, un tapissier des Gobelins.
D'après l'*Encyclopédie méthodique*.

raient les rues en offraient aux ménagères :

> Chandoile de coton, chandoile,
> Qui plus art cler que nule estoile [1] !

> J'ai jonc paré por mettre en lampes [2] !

Dans les églises ou lors des grandes cérémonies civiles, si l'on voulait obtenir une
éblouissante clarté, on faisait alterner un
certain nombre de ces godets avec des chandelles de suif ou de cire sur un cercle de
métal. On créait ainsi ce que nous nommons
un lustre, et ce que nos pères nommaient une
couronne de lumière, un *lampier*, un *lampesier*,
une *roue* ou un *plateau* [3].

Tout cela ne vaut pas précisément l'éclairage électrique ; et, fait étrange, ces lampions,
dont la fumée noire et épaisse répandait une
odeur infecte, ne subirent presque aucune
modification jusqu'à la fin du dix-huitième
siècle. Aussi ne se servit-on guère jusque-là
que de chandelles ou de bougies, même pour
les travaux les plus délicats. A la fin du siècle

[1] Qui donne plus de clarté qu'une étoile.
[2] *Les crieries de Paris*, dans *L'annonce et la réclame*,
p. 141.
[3] « Pour faire contrepois, pour pendre les platiaus à
mettre les cierges en la grant salle... » J.-M. Richard, *La
comtesse Mahaut d'Artois*, p. 361.

précédent, la bougie de cire blanche n'était
encore substituée à la chandelle que dans les
plus opulentes demeures. Tallemant des Réaux
raconte qu'à l'issue d'un bal, une jeune fille
voulant éclairer le roi qui se retirait, monta
sur un siège pour prendre un bout de chandelle dans un chandelier de bois, et cela avec
une si bonne grâce que le roi en devint amou-
reux [1]. Loret, décrivant une collation offerte
en 1650 à la duchesse de Chevreuse, nous
apprend qu'

> On y vid briller aux chandelles
> Des gorges passablement belles [2].

Vers 1782, on eut l'idée d'épurer l'huile des
lampes et de faire tresser les mèches de coton.
Mercier annonça pompeusement cette nouvelle
aux hommes de lettres, ses confrères : « Votre
lampe studieuse, leur dit-il, pourra brûler
sans incommoder vos yeux ni votre poitrine [3]. »
Les lampes à double courant d'air n'en eurent
pas moins quelque peine à se faire accepter.
Vers 1818, madame de Genlis ne voulait point
encore en entendre parler : « Depuis que les
lampes sont à la mode, écrivait-elle, ce sont

[1] *Historiettes*, t. II, p. 240.
[2] *Muze historique*, n° du 26 juillet 1650.
[3] *Tableau de Paris*, chap. 591, t. VII, p. 262.

les jeunes gens qui portent des lunettes, et l'on ne trouve plus de bons yeux que parmi les vieillards qui ont conservé l'habitude de lire et d'écrire avec une bougie voilée par un garde-vue [1]. » Il est vrai qu'en 1818, madame de Genlis, vieille et désenchantée, n'approuvait guère que les usages qui lui rappelaient ses vingt ans.

A moins que la table ne fût faite d'un bois précieux ou ornée de peintures, on la recouvrait d'un tissu de lin. Le poète Fortunat parle avec admiration d'une table sur laquelle était représentée une vigne chargée de raisins. Décrivant un somptueux repas, il dit qu'afin de flatter en même temps les yeux et l'odorat, on avait remplacé la nappe par des roses :

Quod mantile solet cur rosa pulchra tegit [2]?

Un vers d'Ermold le Noir, dans sa *Vie de Louis le Débonnaire* [3], semble indiquer que les nappes de cette époque, au lieu d'être rases comme les nôtres, étaient un peu peluchées :

Candida præponunt niveis mantelia villis.

[1] *Dictionnaire des étiquettes*, t. I, p. 310.
[2] *Opera*, édit. de 1786, t. I, p. 384.
[3] Lib. VI, v. 461. Dans le *Recueil des historiens*, t. V, p. 60.

2.

Mais je me suis interdit de remonter si haut,
et je reviens au douzième siècle.

On avait alors des nappes très larges, et on
les plaçait sur la table pliées en double. C'est
de là que leur vint le nom de *doubliers*, sous
lequel elles furent désignées pendant longtemps. Mettre une nappe était plus difficile
qu'aujourd'hui. On l'étendait d'abord de façon
qu'elle traînât jusqu'à terre du côté où se
rangeaient les convives, puis, ce qui restait de
l'étoffe était replié en manière de napperon
ne dépassant pas le bord opposé. Charles V
possédait soixante-sept nappes, qui mesuraient
quinze à vingt aunes de long sur deux de
large; la plus grande avait jusqu'à trente-deux
aunes, et était « pourfillée [1] à mouches de soye
et un escusson de France [2]. » Ces doubliers se
terminaient toujours par des franges : une très
amusante histoire, racontée dans le *Ménagier
de Paris* [3], ne laisse aucun doute sur ce point.

Trancher la nappe devant quelqu'un constituait une injure qui ne pouvait se laver que
dans le sang. Suivant Alain Chartier, cette

---

[1] Brodée.
[2] Voy. *Inventaire du mobilier de Charles V*, publié par
J. Labarte, p. 322 et passim.
[3] Tome I, p. 163.

coutume aurait été introduite dans les mœurs par Duguesclin : il « laissa, dit-il, une telle remonstrance en mémoire de discipline et de chevalerie, que quiconque homme noble se forfaisoit reprouchablement en son estat, on luy venoit au menger trancher la nappe devant soy [1]. »

A dater du quinzième siècle, l'emploi des doubliers devint un privilège réservé aux rois, aux ducs et aux princes; les comtes eux-mêmes devaient se contenter d'une nappe simple [2]. Les doubliers disparaissent enfin au siècle suivant. On ne renonce pas pour cela à recouvrir la table de deux nappes, mais celles-ci sont désormais indépendantes l'une de l'au- tre [3]. La première, très simple et très courte, tenait lieu de notre couverture actuelle; la seconde, « d'un linge fort mignonnement damassé, » était plissée avec art « d'une cer- taine façon que cela ressembloit fort à quelque rivière ondoyante qu'un petit vent fait douce- ment souslever, car parmy plusieurs petits plis

[1] *Le quadrilogue invectif,* p. 451 des *OEuvres.*
[2] Aliénor de Poitiers, p. 215.
[3] Au commencement du dix-huitième siècle, toutes deux sont nommées « tabliers ou nappes ». Voy. *L'état de la France pour* 1712, t. I, p. 70.

on y voyoit force boüillons [1]. » On ne s'explique pas bien comment les plats, les assiettes, les salières, les saucières pouvaient se maintenir en équilibre au milieu de cette mer ondoyante et de ces bouillons ou plis bouffants. Au reste, cette mode paraît avoir eu une courte durée. En 1655, on n'étendait plus, en général, sur la table qu'une seule nappe, et il fallait qu'elle traînât de tous côtés jusqu'à terre [2].

Les serviettes n'apparaissent guère avant le milieu du quinzième siècle, encore furent-elles d'abord en usage surtout pour les enfants. Comme aujourd'hui, on les leur attachait sous le menton. Jean Sulpice, dans sa *Civilité de la table* [3] publiée vers 1483, recommande à l'en-

---

[1] « Dessous cette nappe-cy, il y en avoit encore une toute unie qui estoit plus courte que celle de dessus. » (Artus d'Embry, p. 100). — La *Description de l'isle des hermaphrodites* et le *Philaret* sont les meilleures sources à consulter pour l'ordonnance des repas à cette époque; mais le second de ces ouvrages, publié en 1611, a beaucoup emprunté au premier, qui avait paru six ans plus tôt. Voici, relativement à ces doubles nappes, comment s'exprime le *Philaret* de Guillaume de Rebreviettes : « Nous vismes une fort longue table et assez large, couverte d'une nappe mignonnement damassée. Elle avoit esté ploiée de telle façon qu'elle ressembloit fort bien à quelque rivière ondoyante qu'un petit vent fait doucement souslever. » (Page 53.)

[2] Nic. de Bonnefons, *Les délices de la campagne*, p. 373.

[3] *Libellus de moribus in mensa servandis*

fant de ne salir ni la nappe qui est devant lui,
ni la serviette qui lui pend au cou : « lintoleum
quod tibi a collo pendet, vel quod super men-
sam stratum erit [1]. » La *Contenance de la table*,
contemporaine du traité précédent, donne à
l'enfant, entre autres sages conseils, celui
d'essuyer ses lèvres avant de boire.:

> Enfant, ce te est chose honteuse,
> Se tu as serviette ou drap,
> De boire en aucun hanap
> Ayant la bouche orde et baveuse [2].

Pour les autres convives, la nappe tenait
lieu de serviette, il est même probable qu'ils
la relevaient sur leurs genoux en s'asseyant.
Laon, Reims et Compiègne avaient alors la
spécialité des toiles de belle qualité, des nappes et des essuie-mains employés dans les
maisons riches.

Érasme, enseignant à un enfant du seizième
siècle comment il doit se conduire pendant le
repas, lui dit : « Ne porte le verre à ta bouche
plustost que tu ne l'ayes essuyée avec la nappe
ou à ta serviette : « mantili aut lintoleo [3]. »

---

[1] Page 25.
[2] Voy. *Les repas*, p 172.
[3] *De civilitate morum puerilium* [1530], traduite en français par Claude Hardy, p. 49.

Cette dernière était encore un objet de luxe in-
connu dans les cabarets, témoin ces vers de
Gabriel Meurier :

> C'est bien disné quand on eschappe
> En torchant son nez à la nappe,
> Sans desbourcer pas un denier
> Et dire à Dieu au tavernier[1].

Quand l'usage de la serviette eut passé des
enfants à tous les convives, ceux-ci la placèrent d'abord soit sur l'épaule, soit sur le bras
gauche[2]. Un peu plus tard, afin de mieux
protéger leurs vêtements, ils la nouèrent
autour du cou : « On vint lui mettre sa serviette et l'attacher par derrière, presque en la
même façon qu'on la met à ceux qui veulent
faire couper leur barbe ; on me dit qu'il la
faisoit mettre de cette sorte de peur de gaster
sa belle fraise[3]. » C'était là une opération peu
commode à réussir sans aide ; les efforts qu'elle
exigeait donnèrent lieu au proverbe : *nouer les
deux bouts de sa serviette*, pour marquer la
difficulté qu'on éprouve à aller jusqu'à la fin

---

[1] *Trésor des sentences*, édit. de 1582, p. 52.
[2] « Mantile si datur, aut humero sinistro aut brachio lævo imponito. » Érasme, *De civilitate morum*, p. 44.
[3] Artus d'Embry, p. 103.

de l'année avec un modeste revenu [1]. Ce dicton a survécu à l'habitude d'attacher sa serviette autour du cou, et l'on dit seulement aujourd'hui *nouer les deux bouts.*

Les gentilshommes servants et les valets portèrent seuls ensuite la serviette sur l'épaule [2], usage qui s'observa jusqu'à la fin du règne de Louis XIV. Ils commencèrent alors à la placer sur le bras gauche [3].

Il semble que la bonne société, après avoir adopté l'usage des serviettes, ne tarda pas à y renoncer, ou du moins à en restreindre l'emploi, puisque Montaigne écrit : « Je disneroy sans nappe, mais sans serviette blanche très incommodément... Je plains qu'on n'aye suivy un train que j'ay veu commencer à l'exemple des roys, qu'on nous changeast de serviette selon les services comme d'assiettes [4]. » On y revint bientôt, car Artus d'Embry, à qui toute innovation est suspecte, ne fait pas grâce à celle-ci : « Ils changent de

---

[1] « Lupolde se faschoit, luy qui avoit travaillé toute sa vie, encore ne pouvant vivre et nouer au bout de l'an les deux bouts de sa serviette ensemble. » Noël du Fail, *Contes d'Eutrapel*, édit. elzevir., t. II, p. 206.

[2] Artus d'Embry, p. 104.

[3] *Mémoires de Luynes*, 13 janvier 1739, t. II, p. 321.

[4] *Essais*, liv. III, chap. 13.

serviette à chaque service, voire plus souvent, et dès qu'ils y voyent quelque chose de sale [1]. »

On se préoccupait de la beauté du linge et de sa finesse ; on le parfumait avec de l'eau de rose, de l'eau de nèfle et de mélilot [2], et l'art de plier les serviettes était déjà fort en honneur. On en variait la forme pour chaque convive : « Les serviettes, dit Artus d'Embry [3], estoient desguisées en plusieurs sortes de fruicts et d'oyseaux. » En 1657, la *Muse royale* [4], racontant un somptueux festin offert par le trésorier La Bazinière, mentionnait

Le linge proprement plié
En cent différentes figures.

Elles pouvaient avoir été prises dans le curieux volume qu'un sieur Mathias Giegher venait de publier sur ce sujet [5]. A la grande honte des maîtres d'hôtel français, ce livre était écrit en italien et avait été imprimé à

[1] Page 106.
[2] Voy. Cimber et Danjou, *Archives curieuses,* t. III, p. 420.
[3] Page 100. — Voy. aussi le *Philaret,* p. 53.
[4] N° du 25 juin.
[5] *Li tre trattati di messer Mathia Giegher. Nel primo si monstra con facilita grande il modo di piegare ogni sorte di panni...* 1639, in-18 oblong, curieuses figures.

Padoue. Vingt ans après seulement, Pierre David donnait au public son *Maistre d'hostel, qui apprend l'ordre de bien servir sur table*, et le faisait précéder d'*Instructions familières pour bien apprendre à plyer toutes sortes de linges de table et en toutes sortes de figures*. Il y enseigne la manière de donner aux serviettes vingt-sept formes différentes, savoir :

Bâtonnée.
Frisée.
Pliée par bandes.
Pliée en forme de coquille double et frisée.
— — coquille simple.
— — melon double.
— — melon simple.
— — coq.
— — poulle.
— — poulle avec ses poussins.
— — deux poulets.
— — pigeon qui couve dans un panier.
— — perdrix.
— — faisan.
— — deux chapons dans un pasté.
— — lièvre.
— — deux lapins.
— — cochon de laict.
— — chien avec un collier.
— — brochet.
— — carpe.
— — turbot.

Pliée en forme de mitre.

— — poulet d'Inde.

— — tortue.

— — croix du sainct Esprit.

— — croix de Lorraine.

Si l'on pouvait déterminer quel choix les grands hommes du siècle avaient fait dans cette liste, peut-être en retirerait-on d'utiles indications sur leur génie et leur caractère. J'abandonne bien volontiers cette étude à de plus érudits, et je dirai seulement que Louis XIV, toujours sérieux et correct, se contentait d'une serviette « bâtonnée, c'est-à-dire proprement pliée à gaudrons et petits carreaux ; » mais ses serviettes étaient placées dans sa nef « sous un coussinet de senteur [1]. »

Dans les collèges du dix-septième siècle, chaque écolier avait sa serviette. Charles Sorel dit le contraire, mais cette mauvaise langue ose bien médire de l'Université, et voudrait insinuer qu'elle ne fournissait pas à ses pensionnaires une nourriture saine et abondante : « L'usage des serviettes, prétend-il, y étoit défendu, parce que l'on y torche quelquefois ses doigts, qui sont entourés de certaine

---

[1] *État de la France pour* **1712**, p. **71** et **77**.

graisse qui repaît quand on la lèche [1]. » Dans le monde, il était de bon goût de faire chauffer les serviettes avant de les offrir [2].

Au dix-huitième siècle, on a partout nappes et serviettes. Arthur Young écrivait en 1790 : « Le linge de table est ici plus propre et mieux entendu (qu'en Angleterre) ; on n'en a que de grossier, pour le changer souvent. Il semble ridicule à un Français de dîner sans nappe ; chez nous, on s'en passe, même chez les gens de fortune moyenne. Un charpentier français a sa serviette aussi bien que sa fourchette ; et à l'auberge, la fille en met une propre à chaque place sur la table servie dans la cuisine pour les plus pauvres voyageurs [3]. »

De très bonne heure le linge de table fut ourlé et marqué. Celui du roi portait une fleur de lis : en 1409, on paye une couturière [4] pour « ourler le linge de table du roi, et le marquer d'une fleur de lis [5]. »

Le linge damassé, employé depuis le quinzième siècle, est cité par Artus d'Embry [6] et

---

[1] *Histoire comique de Francion*, édit. Colombey, p. 132.
[2] *La civilité nouvelle* (1667), dans *Les repas*, p. 221.
[3] *Voyage en France*, t. I, p. 369.
[4] Une couseuse.
[5] Douët d'Arcq, *Comptes de l'hôtel*, notice, p. XXI.
[6] Page 99.

par Guillaume de Rebreviettes[1]. En 1582, les tisserands d'Amiens l'appelaient *mulquinerie*[2]. Il fut surtout perfectionné au dix-septième siècle, dans la ville de Caen, par la famille Graindorge. André Graindorge ne reproduisit guère dans la toile que des carreaux et des fleurs, mais son fils Richard porta cet art à la perfection[3]. « Et si ne me puis taire, dit Ch. de Bourgueville[4], qu'il n'y a ville en l'Europe où il se fabrique de plus beau et singulier linge de table, que l'on appelle haute-lice, sur lequel les artisans telliers représentent toutes sortes de fleurs, bestes, oyseaux, arbres, médalles et armoiries de rois, princes et seigneurs, voire aussi naïfvement et proprement que le plus estimé paintre pourroit rapporter avecques son pinceau. » Les Graindorge donnaient à leurs produits le nom de *haute-lice,* sans doute par suite de la position des lices ou fils entrelacés dans la trame ; mais le mot *damassé,* déjà usité au seizième siècle, prévalut : en effet, cette sorte de toile imitait

---

[1] Page 53.

[2] Aug. Thierry, *Monuments inédits du Tiers-État*, t. II, p. 489.

[3] J. Cahagnesius, *Elogia civium Cadomensium*, p. 23.

[4] *Les antiquitez de la Neustrie*, édit. de 1588, liv. II, p. 26.

parfaitement l'étoffe dite *damas blanc*[1]. La Flandre et la Hollande ne tardèrent pas à accaparer cette industrie. En une seule année (1662), elle importa en France onze mille aunes de linge de table ; et lui créer à l'intérieur de sérieuses concurrences, était une des préoccupations de Colbert[2]. Vingt ans après, madame de Maintenon voulant établir à Maintenon une manufacture de « linge ouvré, » dut faire venir vingt-cinq ouvriers de Flandre, et réussit même à en « débaucher » d'autres qui travaillaient dans une fabrique de Courtrai[3].

Tout le monde peut avoir aujourd'hui du linge damassé aussi beau que celui dont se servait Louis XIV, mais ce qui constitua pendant plusieurs siècles le grand luxe d'une maison, a presque disparu, je veux parler de l'argenterie.

Dès le douzième siècle, les potiers de terre fabriquaient des plats et des vases de formes très variées et recouverts d'un grossier émail, C'était la ressource des pauvres. Mais au qua-

---

[1] Voy. Moréri, *Dictionnaire historique*, t. V, p. 322.
[2] Voy. *Lettres, instructions et mémoires de Colbert*, t. II, p. CCLX et CCLXII.
[3] *Lettres de madame de Maintenon*, édit. de 1756, 6 octobre 1682, t. I, p. 225.

torzième siècle déjà, on rencontre des hanaps, des gobelets, des cuillères d'argent, même chez les paysans aisés[1]. Le fait était rare pourtant. En général, ils se contentaient de vaisselle en terre ou en bois. Les bourgeois se montraient avec raison fiers de leurs ustensiles d'étain, parmi lesquels se rencontraient de véritables objets d'art.

La vaisselle d'or et d'argent était presque tout entière entre les mains de la noblesse, qui, ne pouvant ni faire le commerce ni prêter à intérêts, se créait ainsi une fortune mobilière facile à réaliser en cas de besoin, facile aussi à dissimuler ou à transporter. Comme nous achetons aujourd'hui des actions de chemins de fer, on commandait à l'orfèvre des plats d'or que l'on étalait sur les dressoirs : la vanité satisfaite tenait lieu de dividende. On ne saurait expliquer autrement la quantité de vaisselle précieuse qui figure dans les inventaires rédigés au moyen âge. Celle de Charles V représentait à elle seule un capital énorme. Pour ne parler que des plats et des écuelles, je vois qu'il possédait :

---

[1] Voy. les sources citées par Siméon Luce, *Histoire de Duguesclin*, p. 60.

7 douzaines de plats d'or.
6   —   d'écuelles d'or.
33   —   de plats d'argent.
70   —   d'écuelles d'argent.

D'après des calculs approximatifs, l'or et l'argent avaient, au quatorzième siècle, une valeur vingt-sept fois supérieure à celle qu'on leur attribue de nos jours. Si l'on voulait avoir l'équivalent actuel des chiffres que je viens de citer, il faudrait donc les multiplier par vingt-sept ; d'où l'on peut conclure qu'aucun souverain ne serait aujourd'hui assez riche ni assez fou pour réunir une vaisselle plate égalant comme prix celle de Charles V, savoir :

2,268 plats d'or.
1,944 assiettes d'or.
10,692 plats d'argent.
22,680 assiettes d'argent.

On ne se rendait pas alors un compte exact des inconvénients que présentait cette immobilisation des métaux précieux. Mais quand, à force d'être converti en objets d'art, le numéraire venait à manquer, ainsi que l'or et l'argent nécessaires pour le renouveler, de sévères ordonnances étaient rendues, qui, le plus souvent, restaient lettre morte. Le « mercredi de avant Pasques flories » 1294, Philippe le Bel

défend à toute personne n'ayant pas six mille
livres de rente, de conserver « vessellement
d'or ne d'argent pour boire, ne pour mengier,
ne pour autre usaige[1]. » Le « jeudy devant la
feste Saint-Loys » 1302, ordre à tous les
nobles de porter à la Monnaie, pour être
échangée contre des espèces, la moitié de la
vaisselle d'or qu'ils possèdent[2]. Le 25 mars
1332, Philippe VI en exige encore le tiers, et
il défend aux orfèvres de fabriquer de grands
ouvrages d'or ou d'argent, à moins qu'ils ne
soient destinés aux églises, « si ce ne sont
vaisseaux à sanctuaire pour servir Dieu[3]. »

Il ne faudrait cependant pas croire qu'à
dater de ce moment l'Église eût le monopole
des objets précieux. D'abord, les ordonnances
somptuaires se renouvelèrent périodiquement
et toujours inutiles jusqu'à la fin du dix-
septième siècle; puis, les fidèles surent très
bien concilier avec une piétié fervente le luxe
dont ils étaient avides. Ils firent mieux encore,
ils utilisèrent au profit de cette passion, les
exigences mêmes de la religion. Les orfèvres
inventèrent pour le temps du carême une

---

[1] *Ordonnances royales*, t. I, p. 324.
[2]   *Ibid.*,   t. I, p. 347.
[3]   *Ibid.*,   t. II, p. 86.

vaisselle spéciale, d'argent niellé, qui figurait bien un service de deuil [1].

On connaissait déjà la dorure et l'argenture, et ces opérations étaient pratiquées avec beaucoup d'habileté. Les statuts des métiers interdisaient seulement le *fourré*. En 1396, un orfèvre de Paris faillit être expulsé de la corporation, parce qu'il s'était permis de donner un revêtement d'or à un hanap d'argent [2].

Louis XI, dans un accès de dévotion, ayant promis d'entourer par une grille d'argent la châsse de saint Martin de Tours, nomma en 1478 des commissaires « pour prendre et saisir *toute* la vaisselle qu'on pouvoit trouver à Paris et aultres villes. » C'est Jean de Troyes qui nous le dit [3], et il fait preuve ici de son exagération habituelle ; à moins pourtant que, sous prétexte d'honorer saint Martin, le madré souverain n'ait cherché à remplir ses propres coffres. En effet, la grille offerte par le roi au Bienheureux est estimée deux cent mille francs, et l'on aura une idée de la quantité de vaisselle qui devait alors exister en France, si l'on se rappelle que dans le butin fait sur

[1] Celui de Charles V se composait de 25 pièces.
[2] Voy. G. Fagniez, *Études sur l'industrie*, p. 262.
[3] *Chronique*, édit. Michaud, t. IV, p. 338.

Charles le Téméraire à la bataille de Granson,
figuraient « trois cents magnifiques services
d'argent [1]. » En somme, bien que les commissaires désignés par Louis XI eussent ordre
de « payer raisonnablement » la vaisselle con-
fisquée, chacun s'empressa de cacher la
sienne. « Et à ceste cause, ajoute Jean de
Troyes, de là en avant, quand on aloit aux
nopces où on avoit accoustumé d'y en veoir
largement, n'y estoient trouvez que beaulx
verres et esguières de verre. »

Après la mort de Louis XI, la vaisselle repa-
rut, et en telle abondance, qu'aux États de Tours
(1483), Jean de Rely déplorait ce luxe comme
un malheur public [2]. Aussi, dès 1506, Louis XII
en interdit la fabrication [3]. Mais la riche noblesse ne se laissa point arrêter pour si peu :
ne pouvant plus acheter de vaisselle en
France, elle en fit venir de l'étranger, et le roi
fut obligé de révoquer son ordonnance [4].

Les présents faits par les rois aux digni-
taires, ainsi qu'aux souverains et aux ambas-

[1] Commynes, *Mémoires*, édit. Dupont, t. II, p. 21.
[2] *Ordre des Estats tenus à Tours soubs le roy Charles VIII*,
p. 24.
[3] *Ordonnances royales*, t. XXI, p. 338 et 341.
[4] 14 juin 1510. *Ordonnances royales*, t. XXI, p. 419.

sadeurs étrangers, dans les circonstances où
on leur offre aujourd'hui quelque vase de
Sèvres, consistaient presque toujours en vaisselle d'or ou d'argent. Christine de Pisan
raconte que Charles V ayant chargé Bernard
de Montlhéry, un de ses officiers, de remettre
cinq cents francs d'or à un gentilhomme qu'il
voulait récompenser, Bernard ne tint aucun
compte de cet ordre. Le roi, alors, « par un
de ses sergens d'armes, envoya prendre la
vaisselle d'iceluy général[1]. » Louis XI, rece-
vant les envoyés anglais à Dampierre, les
festoya et « leur donna belle vaisselle[2]. » Le
même souverain ayant eu la fantaisie d'em-
prunter à la Faculté de médecine un volume
très rare, cette demande émut beaucoup la
Faculté. Elle tint de nombreuses réunions, et
finit par décider qu'elle ne prêterait cet ouvrage que sous bonne caution, savoir : douze
marcs de vaisselle d'argent, et un billet de cent
écus d'or qu'un riche bourgeois, nommé
Malingre, consentit à souscrire pour le roi[3].

---

[1] *Fais et bonnes meurs du sage roy Charles,* édit.
Michaud, t. I, p. 629.
[2] G. Chastellain, *Chronique,* édit. Buchon, t. I, p. 23.
[3] *Commentaria Facultatis medicinæ parisiensis,* t. II,
f° 297.

Les ustensiles d'or et d'argent continuant à servir de réserve métallique, c'est à elle aussi que les souverains continuaient à avoir recours quand l'argent monnayé venait à manquer. On ne peut songer sans tristesse aux trésors artistiques qui ont été ainsi anéantis.

En 1521, François Ier fait saisir partout la vaisselle d'argent. Il n'excepte même pas celle des églises[1].

En 1554, Henri II, manquant d'espèces « pour ses affaires de la guerre, » enjoint aux Parisiens de lui livrer toute leur vaisselle : on lui en apporte pour trois cent soixante mille livres, en échange desquelles il constitue des rentes aux déposants[2]. Vingt ans après, Bodin se plaint que les progrès du luxe et l'abondance de la vaisselle d'argent, aient fait hausser le prix de toutes les denrées : « La plupart, dit-il, ont des couppes, assiettes, esguières, bassins et autres menuz meubles d'argent[3]. » Mais Bodin ne fut pas plus écouté que ne furent obéies les ordonnances somp-

---

[1] *Journal d'un bourgeois de Paris,* p. 135.

[2] Félibien, *Histoire de Paris,* pièces justificatives, t. V, p. 287.

[3] *Discours sur les causes de l'extrême cherté qui est aujourd'hui en France,* dans Cimber et Danjou, *Archives curieuses,* t. VI, p. 441.

tuaires rendues par Louis XIII et Louis XIV [1].
Le grand roi les réitère, toujours inutilement,
en 1672 et en 1687; puis, l'argent monnayé
se faisant de plus en plus rare, une déclaration du 16 décembre 1689 interdit aux orfèvres « de fabriquer et d'exposer en vente
aucuns ouvrages d'or excédant le poids d'une
once. » Il est, en outre, prescrit aux églises [2]
et « à toutes personnes qui auront chez eux des
ouvrages d'argent défendus, de les porter aux
hostels des monnoyes, pour estre convertis en
espèces, et estre payés à raison de 29 livres
10 sols par marc de vaisselle plate, et de
29 livres pour la vaisselle montée [3]. »

Si tout le monde se fût prêté à cette combi-
naison, le numéraire eût abondé. En février
1679, l'évêque de Strasbourg, offrant un repas
au Dauphin, on admira dans la salle à manger
trois buffets couverts d'argenterie, et dont un
seul portait quinze douzaines d'assiettes de
vermeil [4] Mais la noblesse montra peu d'em-
pressement à obéir, et comme « les monnoyes
se trouvoient quasi sans aliment, » le roi

[1] Voy. Delamarre, *Traité de la police*, t. I, p. 395 et s.
[2] Voy. C. Rousset, *Histoire de Louvois*, t. IV, p. 378.
[3] *Gazette de France*, n° du 24 décembre 1689, p. 616.
[4] *Mercure galant*, n° de février 1679, p. 308.

sentit bien qu'il lui fallait donner l'exemple.
Il s'y résigna dans une certaine mesure, à la
grande admiration des contemporains. Le
11 décembre, madame de Sévigné écrivait à
sa fille : « Sa Majesté, Monseigneur et Monsieur ont envoyé tous leurs meubles d'argent
à la Monnoie, cela fait beaucoup de millions,
et redonnera de l'espèce qui manquoit. » Le
18, elle écrit encore : « Que dites-vous de
l'exemple que le roi donne de faire fondre
toutes ses belles argenteries? Notre duchesse
du Lude est au désespoir : elle a envoyé les
siennes, et madame de Chaulnes sa table et
ses guéridons, et madame de Lavardin sa
vaisselle d'argent qui vient de Rome [1]. »

Il ne faudrait pas prendre trop au sérieux
ces bavardages, puisque moins de vingt ans
après, le sacrifice put être renouvelé, et cette
fois pour tout de bon. Le nombre des grands
seigneurs qui s'étaient soumis à l'ordonnance
était très restreint; quant au roi, il s'était
borné à aliéner des meubles et des objets
d'art provenant de ses appartements : tables,
guéridons, fauteuils, balustrades d'alcôve,
coffres, garnitures de cheminée, girandoles,

---

[1] Tome IX, p. 348 et 359. — Voy. aussi le *Journal* de
Dangeau, 3 décembre 1689, t. III. p. 33.

nefs, caissés d'orangers, brancards, cra-
choirs, etc. Tout compte fait, on obtint ainsi
trois millions, au lieu de six sur lesquels on
comptait[1]. Et moins de neuf ans après, le
service du maréchal de Boufflers au camp de
Compiègne, se composait de quatre-vingt-six
douzaines d'assiettes, tant en vermeil qu'en
argent[2].

Au mois de juin 1709, un nouvel appel était
fait à la noblesse. Le nom des personnes qui
envoyèrent leur vaisselle à la Monnaie, fut mis
chaque jour sous les yeux du roi, et la liste en
fut publiée dans le *Mercure galant*[3]. Tout bon
courtisan dut donc obéir, en dissimulant d'ailleurs avec soin ce qu'il possédait de plus précieux[4]. On avait compté sur le zèle de la riche
bourgeoisie, on s'était figuré que « personne
n'oseroit plus manger dans de la vaisselle
d'argent quand les principaux seigneurs du
royaume n'y mangeroient plus[5]. » Il fallut
renoncer à cet espoir.

En réalité, l'aliénation de la vaisselle d'or

[1] Dangeau, *Journal*, 12 décembre 1689, t. III, p. 38.
[2] *Mercure galant*, n° de septembre 1698, p. 175.
[3] N°ˢ de juillet et d'août 1709, p. 281 et 421.
[4] Voy. les *Mémoires* de Saint-Simon, t. VI, p. 411 et s
[5] *Journal* de Dangeau, 6 juin 1709, t. XII, p. 433.

produisit 400,000 francs, et celle de la vaisselle d'argent 1,400,000 francs : « c'est toujours quelque chose, » écrivait philosophi-
quement madame de Maintenon au duc de
Noailles[1]. La vérité est qu'au grand profit de
l'art, l'opération fut mal conduite, et donna
des résultats ridicules. En effet, dès 1690, on
estimait à cinq cents millions de valeur des
espèces monnayées et à deux cents millions la
valeur de l'argenterie. La moitié de cette
somme était représentée par des couverts de
table, car déjà chez les bourgeois aisés et dans
les hôtelleries bien tenues, on trouvait des cuillères et même parfois des fourchettes d'argent[2].
Il résulte d'une enquête officielle faite cin-
quante-cinq ans après, que dans la seule ville de
Paris, il y avait alors environ cent cinquante
millions d'argenterie ; et le rapporteur ajoute :
« Les Parisiens aiment la vaisselle d'argent et
en font des amas, pour la plupart qui sont en

---

[1] Lettre du 22 juin 1709, t. IV, p. 110. — « Le total ne
monta pas à trois millions, » écrit Duclos. Il ajoute que
cette mesure fut prise contre l'avis du chancelier de Pont-
chartrain et du contrôleur général Desmarets. Ils « représen-
toient que cette foible ressource manifestoit notre misère
aux ennemis sans y remédier. » *Mémoires secrets*, édit.
Michaud, t. XXXIV, p. 450.

[2] Voy. Gourville, *Mémoires*, édit. Michaud, t. XXIX,
p. 583.

gain de fortune, au lieu de s'acquérir des rentes, comme font les peuples des provinces [1]. »

La confiscation, aussi bien que les enquêtes, n'avaient donc point diminué la passion des Parisiens pour la vaisselle d'argent. Comme au treizième siècle, chacun convertissait ses économies en plats, en couverts, en vases de tous genres, qui pouvaient devenir une ressource dans les moments difficiles. Toutefois, après les crises de 1689 et de 1709, ce genre de richesse se vit moins affiché ; même dans les grandes maisons, la faïence et la porcelaine furent peu à peu adoptées pour l'usage ordinaire. En 1709, Louis XIV ayant « remplacé son service d'or par de la vaisselle de faïence [2], » Saint-Simon raconte que « tout ce qu'il y eut de considérable se mit en huit jours en faïence. » Le duc d'Antin, empressé de faire sa cour, vint « à Paris choisir force porcelaine admirable, qu'il eut à grand marché, et enlever deux boutiques de faïence qu'il fit porter pompeusement à Versailles [3]. »

---

[1] Voy. A. de Boislisle, *Mémoires des intendants*, t. I, p. 653.

[2] *Lettres de la princesse Palatine*, 8 juin 1709, t. I, p. 114.

[3] *Mémoires*, t. VI, p. 414 et 415.

Tous les grands seigneurs n'acceptèrent pas ce sacrifice avec résignation. Dans les vieilles maisons, la vaisselle d'or et d'argent portait gravées en creux, soit les initiales, soit les armoiries du maître [1] ; elle constituait une propriété à part, qui ne devait pas sortir de la famille et se transmettait toujours à l'aîné [2]. Aussi en prenait-on un soin extrême. Nous savons qu'au seizième siècle, on employait pour la nettoyer la craie ou *charbon blanc,* qui n'était autre que notre blanc d'Espagne : c'est ce que l'on appelait *crayer la vaisselle.* Pour les pièces communes et les cuivres, on se servait de *sablon d'Étampes* [3]. Au siècle suivant, les procédés se sont perfectionnés, et le sablon est proscrit. On recommande de laver les couverts avec de l'eau de son et de les écurer avec de la cendre de foin. Pour enlever les taches très tenaces qu'y laissent parfois les

---

[1] La vaisselle de Charles VIII était marquée d'un K et d'un S sur un semis de fleurs de lis. Voy. l'*Inventaire d'Anne de Bretagne,* dans la *Bibliothèque de l'école des chartes,* année 1849, p. 163.

[2] Explication des chiffres de renvoi de la planche ci-contre : -

Fig. 1, surtout. — 2, vase à crème. — 3, soupière. — 4, cuvette de toilette. — 5, saucière. — 6, moutardier. — 7, vase de toilette. — 8 et 9, coffres de toilette.

[3] Voy. *L'annonce-et la réclame,* p. 164 et 168.

ORFÉVRERIE DU DIX-HUITIÈME SIÈCLE.

D'après l'*Encyclopédie raisonnée*.

œufs, il faut mouiller l'objet sali, le recouvrir de cendre brûlante, laisser reposer, puis écurer. J'offre cette recette aux bonnes ménagères telle qu'elle m'est fournie par un curieux manuel que j'ai déjà eu bien souvent l'occasion de citer [1].

En 1759, l'argent était devenu si rare que le roi devait aux domestiques de sa maison dix mois de gages. Madame de Pompadour, le maréchal de Belle-Isle, le duc de Choiseul, les ministres envoyèrent à la Monnaie leur vaisselle plate, qu'on leur paya en billets. Les bourgeois enterrèrent là leur, et firent étalage de faïence. Il en existait un grand magasin à la porte Saint-Bernard [2]; l'avocat Barbier qui y va, s'y rencontre avec le lieutenant de police, venant, lui aussi, remonter son ménage [3]. Louis XV ne possédait que quinze assiettes d'or [4], il les livre; et de temps en temps des arrêts du Conseil rappellent aux populations peu empressées, que l'hôtel des Monnaies attend leur visite [5].

[1] Audiger, *La maison réglée* (1692), p. 59.
[2] Il existait encore en 1787. Voy. Thiéry, *Guide des amateurs et des étrangers*, t. II, p. 139.
[3] *Journal* de Barbier, novembre 1759, t. VII, p. 200.
[4] *Ibid.*, septembre 1754, t. VI, p. 65.
[5] *Ibid.*, janvier et mars 1760, t. VII, p. 221 et 237.

Le 24 novembre, Voltaire demandait à
d'Argental s'il mangeait « sur des assiettes à
cul noir [1], » faïence recouverte d'un vernis
brun et alors à la mode. Le 22 février 1760,
il écrivait à Thiériot : « Je n'ai point été surpris de voir qu'il n'y ait que quinze conseillers
au Parlement qui aient porté leur vaisselle ;
mais je suis fâché que sur plus de vingt mille
hommes qui en ont à Paris, il ne se soit trouvé
que quinze cents citoyens qui aient imité le
roi [2]. » Dans ses livraisons de janvier, février,
mars et avril 1760, le *Mercure de France* publie
les noms de ces généreux citoyens. L'envoi le
plus considérable fut celui du duc d'Orléans,
qui fit déposer à la Monnaie 2,691 marcs. On
trouve encore dans ces listes presque tous les
établissements publics, les maisons religieuses,
les bureaux des corporations, etc. Parmi les
villes de province, celles qui se distinguèrent
surtout en cette circonstance furent Rouen,
Lyon, La Rochelle, Bordeaux, Toulouse,
Montpellier, Dijon, Perpignan, Orléans,
Reims, Nantes et Grenoble.

Mercier écrivait en 1787 : « L'ambition
d'un bourgeois est d'avoir de la vaisselle plate.

---

[1] *OEuvres*, édit. Beuchot, t. LVIII, p. 252.
[2] *Ibid.*, p. 320.

Il commence par un huilier, par une soupière... Avoir de la vaisselle plate, c'est sortir de la bourgeoisie; on ne fait cette dépense que pour avoir le plaisir d'y mettre ses armes, à l'exemple des princes... Une vaisselle d'or est interdite à tout particulier, quelque riche qu'il soit. Les princes se sont réservé ce luxe : on l'imite en dorant l'argenterie[1]. » L'amour de la vaisselle plate survivait donc, en dépit des persécutions dont elle avait été l'objet. Somme toute, à partir de ce moment, son règne est fini. La Révolution lui donnera le dernier coup. Les ustensiles d'usage journalier, cuillères, fourchettes, couteaux, salières vont dès lors représenter presque à eux seuls l'argenterie de famille, jusqu'au jour prochain peut-être où elle sera remplacée par le maillechort et le ruolz. Notre temps ne veut plus conserver de capital improductif. Je ne sais trop comment un tel principe pourra se concilier avec le culte du grand art ; mais ce ne sont point là mes affaires, et je m'empresse de revenir au couvert que nous étions en train de mettre.

Les mets liquides se mangeaient dans des écuelles ; encore n'y en avait-il souvent qu'une

---

[1] *Tableau de Paris,* t. XII, p. 34.

seule pour deux personnes. Le roman de Per-
ceforest, décrivant un magnifique repas, nous
apprend qu' « il y eust jusques à huyt cents
chevaliers séans à table et si n'y eust celuy qui
n'eust une dame ou une pucelle à son écuelle. »
A la fin du quatorzième siècle, l'auteur du
Menagier de Paris voulant indiquer qu'une
table avait reçu seize convives, écrit : « Le
repas fut de huit écuelles [1]. » Afin de n'avoir
pas à changer celles-ci trop souvent, on disposait dans la salle deux ou trois grands vases
appelés *couloueres* [2], dans lesquels les valets
vidaient les restes. En outre, la civilité ne
défendait point encore de jeter une foule de
reliefs aux chiens et aux chats rassemblés
sous la table. Entre intimes, on n'usait pas
d'écuelles : chaque convive puisait à son tour
dans le chaudron qui servait de soupière.

Pour les mets solides, chaque convive recevait un épais morceau de pain coupé en rond,
qui se nommait *pain tranchoir* ou *tailloir*. Tout

---

[1] Tome II, p. 105.
[2] « Et fineront par la sale deux ou trois couloueres, pour
gecter le gros relief, comme souppes (voy. *Les repas*, p. 38),
pain trenché, tranchouers, chars (viandes) et telles choses. »
Ménagier de Paris, t. II, p. 114. — Le mot *coulouere*
parait avoir eu encore un autre sens. Voy. Ducange, aux
mots *colocria* et *colum*.

porte à croire qu'il s'agissait de pain bis, et nous savons qu'il était fabriqué à Corbeil [1]. Dans les repas solennels, l'écuyer tranchant découpait les viandes sur un tranchoir de métal; un second tranchoir contenait quelques pains tranchoirs destinés aux principaux convives, et qui leur étaient présentés après que l'écuyer y avait déposé une des parts faites par lui. Les autres invités prenaient sur le plat avec trois doigts un des morceaux découpés d'avance, et le mettaient eux-mêmes dans leur tranchoir. Si, au lieu de déchirer cette part avec les dents, ils voulaient la diviser au moyen du couteau, le tranchoir avait assez de force pour résister à son action [2]. Après le repas, tous ces tranchoirs imbibés de jus étaient donnés aux pauvres :

> Hé qu'ont les pauvres? Ilz ont les trenchoers
> Qui demeurent du pain dessus la table.
> Et le relief? L'on le porte à l'estable
> Pour le mengier des paiges et des chiens [3].

Les pièces d'orfèvrerie antérieures au dix-

[1] *Ménagier de Paris*, t. II, p. 109.
[2] « Orbiculus mensorius, in quo convivæ dapes sibi appositas vel præsumtas scindunt. » Ducange, *Glossarium*, vᵒ *Scissorium*.
[3] Martial d'Auvergne, *Vigilles de Charles VII*, édit. Coustelier, t. II, p. 25.

septième siècle sont fort rares, aussi aucun tranchoir n'est-il parvenu jusqu'à nous. C'était cependant un objet d'usage si général que l'on disait proverbialement *grand comme un tranchoir*, que l'on appelait parfois les palettes des peintres des tranchoirs, et qu'un jeu pour lequel on se servait de palets ou disques de métal, avait reçu le nom de *jeu du tranchoir*.

Les tranchoirs de pain furent en usage jusqu'au dix-septième siècle. La *Civilité* de Calviac, imprimée en 1560, mentionne à la fois les assiettes et les tranchoirs [1]. Scarron, racontant en 1648 le repas offert par Énée à Didon, constate que :

> Cent très honnestes demoiselles
> Coupoient des miches par rouelles [2].

C'est vers cette époque que l'assiette remplaça définitivement le tranchoir. L'origine de notre expression *casseur d'assiettes* est cependant bien plus ancienne, mais le temps et les mœurs l'ont modifiée : avec plus de logique, un homme tapageur ou querelleur était jadis appelé *casseur d'acier* [3].

Au mot assiette, la première édition du

---

[1] Voy. *Les repas*, p. 198 et 199.
[2] Edition de 1690, liv. I, p. 77.
[3] « Brief, il en prenoit là où il en trouvoit, et frappoit

Dictionnaire de l'Académie, qui est rédigée par ordre de racines, renvoie au mot *seoir*[1] ; elles indiquent en effet la place que doivent occuper les convives assis autour de la table[2]. Dans un couvert bien mis, les assiettes débordaient la nappe de quatre doigts environ[3] ; l'écuelle, destinée aux mets liquides, était posée sur l'assiette. Chez les grands seigneurs, on changeait d'assiette « au moins à chaque service[4]. » Chez les riches bourgeois, on enlevait l'écuelle après la soupe, et l'assiette n'était remplacée qu'au moment du dessert[5]. Une *Civilité* publiée en 1782, enseigne que : « les personnes qui veulent manger proprement, changent d'assiette au moins deux fois durant le dîner ; une fois après avoir mangé le potage et une fois pour le dessert. Chez les personnes de qualité, on en change ordinairement à chaque plat que l'on sert[6]. »

soubz luy comme un casseur d'acier. » Bonav. Despériers, *Nouvelle* VIII, p. 43.

[1] 1694, t. I, p. 60.

[2] Ménage, *Dictionnaire étymologique,* édit. de 1750, t. I, p. 102.

[3] P. David, *Le maistre d'hostel,* p. 70.

[4] N. de Bonnefons, *Les délices de la campagne* (1655), p. 178.

[5] Voy. le *Philaret* (1611), p. 63.

[6] J.-B. de la Salle, *Les règles de la bienséance,* p. 100.

Les cuillères remontaient très haut, mais leur usage n'était pas encore devenu général au quatorzième siècle. Clémence de Hongrie, femme de Louis le Hutin (1328), en possédait seulement quarante-deux [1], chiffre hors de proportion avec la quantité de vaisselle plate qu'elle avait réunie. Charles V, qui possédait quatre cent quatre-vingts plats et deux cent quatre-vingt-douze hanaps d'or ou d'argent, avait seulement soixante-six cuillères. Il est clair que si l'habitude eût été de prendre sa soupe avec une cuillère, le magnifique roi n'eût pas reculé devant cette dépense, et que, d'un autre côté, on ne donnait pas des cuillères de bois à des gens qui mangeaient dans des écuelles d'or ou d'argent, autour d'une table couverte de plats faits des mêmes métaux. La vérité est que, pour manger les soupes et autres mets liquides, chaque convive prenait l'écuelle par les deux oreilles dont elle était munie, la portait à ses lèvres, et la vidait ainsi petit à petit. Montaigne avait conservé cette coutume, et n'usait jamais de cuillère [2]. Lorsque l'on n'avait qu'une écuelle

---

[1] Inventaire publié par Douët-d'Arcq, *Nouveaux comptes de l'argenterie,* p. 54, 57, 60 et 61.

[2] *Essais*, liv. III, chap. 13.

pour deux personnes, on s'en partageait le contenu à l'amiable, soit par le même procédé, soit par l'emploi alternatif de deux cuillères. On peut bien croire qu'aucun scrupule inopportun ne troublait les deux associés, si l'on se souvient qu'à la fin du règne de Louis XIV, dans une des demeures les plus somptueuses de Paris, une grande dame voulant offrir de la sauce à l'un des convives, retirait sa cuillère de sa bouche pour la plonger dans la saucière. Enfin quand, vers cette époque, on eut pris l'habitude de servir la soupe dans un seul plat, ou dans plusiers plats mis à la portée d'un certain nombre de convives, chacun de ceux-ci y puisait à son tour avec une cuillère [1].

La rareté des cuillères et des fourchettes, donna de bonne heure une grande importance au couteau. Cependant, jusqu'à la fin du seizième siècle, il était rare que leur nombre fût égal à celui des invités [2].

Dès le treizième siècle, la fabrication des couteaux occupait deux corporations distinctes, celle des *Fèvres* [3]-*Couteliers* qui produisait les

[1] Sur tout ceci, aussi bien que sur l'emploi des fourchettes, voy. *Les repas*, p. 35 et suiv.

[2] Voy. *Les repas*, p. 51.

[3] On nomma d'abord *Fèvres* tous les ouvriers travaillant

lames, et celle des *Couteliers faiseurs de manches;* toutes deux soumirent vers 1268 leurs statuts à l'homologation du prévôt Étienne Boileau [1]. Un curieux passage des *Comptes de l'argenterie* nous révèle qu'au siècle suivant les raffinés en dévotion se servaient de couteaux à manche d'ébène pendant le carême et de couteaux à manche d'ivoire le jour de Pâques. Ce n'est même pas tout : à la Pentecôte, les manches participaient des deux couleurs, ils étaient à la fois d'ébène et d'ivoire. Étienne de la Fontaine, argentier [2] du roi Jean, écrit ce qui suit dans son compte de l'année 1352 :

« A Thomas de Fieuvillier, coutelier, pour deux paires de couteaux à trancher devant le Roy..., l'une paire à manches d'ybenus pour la saison du caresme, et l'autre à manches d'yvoire pour la feste de Pasques : 100 sous pour paire... Audit Thomas, pour une autre paire de couteaux à trancher, à manches escartelez d'yvoire et d'ibenus, garniz de

les métaux, c'est là l'origine du mot orfèvre. Mais, dès le treizième siècle, on ne désignait plus guère sous le nom de *fèvres* que les ouvriers employés au travail du fer.

[1] Voy. le *Livre des métiers,* titres XVI et XVII.

[2] L'argentier avait le contrôle de toutes les dépenses faites par le roi et sa maison pour ce qui concernait le mobilier, l'habillement, les menus plaisirs, etc.

viroles et de cingletes [1] d'argent, dorées et esmaillées aux armes de France, pour la fèste de Penthecouste, 100 sous [2]. »

Le *couteau à trancher* qui est mentionné ici, servait à découper les viandes ; avec le *pare-pain*, on préparait les tranchoirs, et on chapélait le pain avec le *chaplepain*. Le moyen âge connaissait aussi les couteaux spéciaux pour ouvrir les huîtres [3] et les noix [4].

Le don d'un couteau, quelque riche qu'il fût, passait déjà pour un cadeau mal choisi. Je lis, en effet, dans l'*Évangile des quenouilles* [5], composé vers 1460 : « Celui qui estrine sa dame [6] par amour, le jour de l'an, de couteau, sachez que leur amour refroidira. » On ne couraït pas ce risque en le laissant par testament, car Jeanne d'Évreux légua à Charles V le couteau de combat de saint Louis, « le coustel à pointe qui fu Mr S. Loÿs de France,

---

[1] On nommait ainsi la petite bande de métal qui réunit les deux côtés du manche et en forme le dos.

[2] Douët-d'Arcq, *Comptes de l'argenterie*, p. 133.

[3] Voy. Viollet-le-Duc, *Dictionnaire du mobilier*, t. II, p. 81.

[4] Voy. Victor Gay, *Dictionnaire archéologique*, au mot *Cernoir*.

[5] Édit. elzévirienne, p. 41.

[6] Lui donne pour étrennes.

qu'il avoit pendu à ses plates[1] quant il fu pris
à la Massoys[2]. » Ce couteau, que Jeanne
d'Évreux tenait sans doute de son mari,
Charles IV, se retrouve dans l'inventaire
dressé après la mort de Charles V, et il
y est ainsi décrit : « Item, ung coûtel de
quoy saint Loys se combati quant il fut
prins[3]. »

Les deux communautés de couteliers furent,
vers la fin du quinzième siècle, réunies en
une seule, et au mois de septembre 1565,
Charles IX lui accorda de nouveaux statuts,[4]
qui méritent d'être analysés[5].

Chaque maître[6] ne pouvait avoir en même
temps qu'un seul apprenti, et la durée de
l'apprentissage était de cinq ans. Si l'apprenti
se sauvait, le maître devait l'attendre trois
mois, à l'expiration desquels il avait le droit

---

[1] A son armure.

[2] A la journée de Mansourah. — Voy. le *Compte de
l'exécution du testament de Jeanne d'Évreux*, dans Leber,
Pièces relatives à l'histoire de France, t. XIX, p. 165.

[3] Article 2738.

[4] Voy. *Statuts et ordonnances pour les maistres Fèvres-
Couteliers, Graveurs et Doreurs sur fer et sur acier trempé
et non trempé*. Paris, 1660 et 1748, in-4°.

[5] Ces statuts furent confirmés sans changements en 1586
et en 1608.

[6] Patron.

de le remplacer. Le fugitif était dès lors « du tout demis hors de privilège de maistre dudit estat de coutelier, » ce qui veut dire qu'il lui était interdit de jamais aspirer à là maîtrise. Toutefois, si dans la suite cet apprenti reparaissait, revenant de la province ou de l'étranger, et se trouvait être « bon ouvrier, » la corporation cessait de le repousser ; mais il devait servir trois ans dans un atelier avant de pouvoir devenir maître. La même obligation était imposée aux compagnons qui n'avaient pas fait leur apprentissage à Paris[1].

La journée de travail commençait à cinq heures du matin et finissait à neuf heures du soir en toute saison[2].

Le compagnon qui voulait quitter son maitre devait le prévenir huit jours d'avance[3].

Le *Chef-d'œuvre* exigé des aspirants à la maitrise était jugé par les Jurés[4], assistés des quatre plus anciens bacheliers[5]. Les fils de maître étaient dispensés du *Chef-d'œuvre* s'ils avaient servi cinq ans, soit chez leur père, soit chez un autre maitre. On en dispensait

---

[1] Articles 1 et 5.
[2] Article 25.
[3] Article 6.
[4] Administrateurs de la communauté. Voy. plus bas.
[5] On nommait ainsi les maitres qui avaient été Jurés.

également les compagnons qui épousaient une fille de maître[1].

Les couteliers étaient autorisés à fabriquer des lames d'épées, de dagues, de pertuisanes, de hallebardes « et autres bâtons servans à la défense de l'homme, » des instruments de chirurgie, des étuis de mathématiques, des ciseaux, des canifs, des couteaux, etc.[2]. Ils pouvaient dorer et graver tous les objets de leur fabrication.

Quatre Jurés, choisis parmi les maîtres et élus par eux, administraient la corporation[3].

La veuve d'un maître avait le droit de continuer le commerce de son mari. Mais si elle se remariait, elle ne pouvait conserver l'apprenti commencé par celui-ci[4].

En 1680, le nombre des maîtres couteliers établis à Paris était de quatre-vingt-onze[5] : treize d'entre eux demeuraient dans la rue de la Coutellerie, qui n'avait pris ce nom qu'au quinzième siècle[6].

[1] Articles 7 et 44.
[2] Articles 11, 12, 20, 22, 23.
[3] Articles 7, 38, 39.
[4] Articles 40, 41, 42.
[5] Bibliothèque nationale, *Manuscrits Delamarre*, Arts et Métiers, t. IV, f° 59.
[6] Voy. Jaillot, *Recherches sur Paris*, quartier de la Grève, p. 14.

Les couteliers étaient presque toujours désignés par la marque de fabrique que chacun
d'eux devait posséder. En janvier 1364, nous
voyons le roi Charles V accorder à Évrart de
Boessay, « marchant de cousteaux, » la propriété héréditaire du « seing de la corne
de cerf, » qui avait appartenu à Jean de
Saint-Denis, « forgeur d'allemelles [1] à cousteaux, » lequel était mort sans laisser d'héritier [2].

J'ai publié ailleurs [3] la liste complète des
couteliers établis à Paris en 1680, et le *Livre
commode des adresses pour* 1692 [4] nous fait
connaître la spécialité adoptée par quelques-
uns d'entre eux. Le *Maître de l'Église* [5] vendait
les couteaux et les ciseaux les plus estimés.
Le *Maître du Coutelas* [6] était renommé pour ses
couteaux à manche d'argent. Les sieurs Sur-
mon, *au Tiers-point couronné* [7], et Touyaret, *au*

[1] Lames.
[2] Pièce publiée par G. Fagniez, *Études sur l'industrie*,
p. 387.
[3] Voy. *Les corporations ouvrières de Paris*, 1884, in-4°.
[4] Édit. elzévir., t. II, p. 47.
[5] Il se nommait Jean de l'Église, avait pris pour marque
une église, et demeurait rue Saint-Martin.
[6] Il se nommait Jean Hersan, et demeurait rue de la Coutellerie.
[7] Il demeurait rue Saint-Julien le Pauvre.

Verre couronné[1], faisaient des lancettes esti-
mées. Mais le meilleur fabricant d'instruments de chirurgie était le *Maître de la Coupe*[2].
La coutellerie de Paris fut toujours regardée
comme supérieure à celles de Langres, de
Thiers, de Caen, de Châtellerault[3] et de
Saint-Étienne, les villes de France où cette
industrie occupait le plus de bras.

Au dix-septième siècle, il fut de mode
d'orner les manches de couteau de figures
grotesques, de têtes de maures ou de magots
chinois; c'est ainsi que s'expliquent ces vers
de Régnier :

. . . . Dont la maussade mine
Ressemble un de ces dieux des couteaux de la Chine[4].

L'usage des couteaux sans pointe pour le
service de la table ne paraît pas remonter au
delà de cette époque, et il ne put guère être
définitivement adopté avant que l'emploi de
la fourchette se fût généralisé. Peut-être faut-il
en trouver l'origine dans cette phrase de Tallemant : « Le chancelier (Séguier) est l'homme

[1] Il demeurait à la porte Saint-Germain.
[2] Il se nommait André Gérard et demeurait rue Trousse-
vache.
[3] Sur les couteaux fabriqués dans cette ville, voy. les
Relations des ambassadeurs vénitiens, t. II, p. 311.
[4] Satire X.

UN ATELIER DE COUTELIER AU DIX-HUITIÈME SIÈCLE

D'après l'Encyclopédie méthodique.

du monde qui mange le plus malpropre-
ment... Il se curoit un jour les dents chez le
cardinal [de Richelieu] avec un couteau. Le
cardinal s'en aperçut, et fit signe à Boisro-
bert; après, il commanda au maistre d'hostel
de faire espointer tous les couteaux [1]. »

On nommait couteaux *à loquet* ceux que
l'on ne pouvait fermer qu'en soulevant un
ressort ; *jambettes*[2] des couteaux de poche qui
avaient à peu près la forme d'une jambe ; *eustaches* ou *eustaches de bois*[3] de petits couteaux
à un sou, qui avaient été inventés par un
habile ouvrier de Saint-Étienne, nommé
Eustache du Bois[4]. En 1692, la France expor-
tait, à Lisbonne seulement, pour un million
de ces couteaux[5]. L'*Encyclopédie méthodique*[6]
nous fournit l'énumération suivante des couteaux employés à la fin du dix-huitième siècle :

---

[1] *Historiettes*, t. III, p. 392.

[2] « J'ouvris le citron par la moitié avec une jambette. »
Ch. Sorel, *Histoire de Francion*, p. 134.

[3] Voy. les *Mémoires secrets* dits *de Bachaumont*, 16 juin
1782, t. XX, p. 304.

[4] M. Victor Gay prétend en faire remonter l'origine jusqu'à un sieur Wistace ou Huistace, qui, vers 1304, était coutelier de Philippe le Bel. Voy. son *Glossaire archéologique*,
p. 683.

[5] *Revue des provinces*, année 1865, p. 533.

[6] Tome II, p. 50 et suiv.

A bayonnette.

A la militaire.

— bascule.

— mouche.

— bec de corbin.

De peintre.

— la berge.

A plate-bande.

— cabriolet.

— plate-semelle.

— cachet.

— pompe.

— la capucine.

— poudre.

— la charoloise.

— la Ramponneau.

— la chinoise.

— ressort brisé.

— creux.

— scier.

— double joint.

— secret.

— la grecque.

— tambour.

— grimace.

— tête d'aigle.

— jambe de princesse.

De toilette.

— loquet.

A la turque.

Le nombre des maîtres couteliers était alors de cent vingt environ, et la corporation avait pour patron saint Jean-Baptiste qu'elle fêtait à l'église des Billettes, le jour de sa décollation[1].

Quand on mettait le couvert, le couteau, la cuillère et la fourchette se plaçaient à droite de l'assiette, mais jamais en croix ; les couteaux avaient le tranchant tourné du côté de l'assiette, et les cuillères le creux tourné vers la nappe. Si le repas n'était point précédé d'un potage, le pain, recouvert de la

[1] Le Masson, *Calendrier des confréries*, édit. V. Dufour, p. 47.

serviette, se trouvait sur l'assiette; dans le cas contraire, l'écuelle restait vide, pain et cuillère reposaient alors sur le couteau et la fourchette. Avant de déplier leur serviette, les convives déposaient le pain à leur gauche, place qu'il ne devait plus quitter[1]. On ne changeait point les couverts pendant le repas; mais de temps en temps on donnait à un valet sa cuillère ou sa fourchette, et celui-ci allait les laver au buffet[2].

Les surtouts étaient connus depuis long-temps, puisque Chilpéric en possédait où brillaient l'or et les pierres précieuses[3]. Je crois même qu'il faut regarder comme des surtouts les trois tables d'argent et la table d'or massif qui figuraient dans le trésor de Charlemagne[4].

Pendant plusieurs siècles, on se borna en général à couvrir la table d'une jonchée de fleurs; mais depuis le règne de Louis XIV, il n'y eut plus de somptueux repas sans surtout. On va voir, au reste, que les fleurs en consti-

---

[1] J.-B. de la Salle, *Les règles de la bienséance*, p. 88.
[2] De Coulange, *Chansons*, t. I, p. 161.
[3] Grégoire de Tours, *Historia Francorum*, lib. VI, cap. 2, t. II, p. 365.
[4] Voy. Eginhard, *Vita Karoli imperatoris*, édit. Teulet, t. I, p. 111.

tuaient encore le principal ornement, même
quand le festin avait lieu au mois de janvier.
Le banquet qui suivit le mariage de Mademoiselle de Blois[1] avec le prince de Conti, eut lieu
le 16 de ce mois, et un écrivain digne de foi
nous apprend que la table était ornée de
dix-neuf corbeilles à jour remplies de fleurs,
anémones, jacinthes, jasmins d'Espagne, tu-
lipes, etc. Autour de chaque corbeille, on
avait placé quatre flambeaux de vermeil, et
entre chacune d'elles se dressait une giran-
dole de six bougies. Voici la description complète de ce couvert, telle qu'elle est rapportée
par le *Mercure galant* de janvier 1680[2] :

La table avoit cinquante quatre pieds de long,
sur six pieds huit pouces de large. Le milieu en
estoit orné d'une manière toute singulière, et qui
avoit quelque chose de galant, de magnifique et de
surnaturel tout ensemble, à considérer la saison où
l'on estoit. Dix-neuf corbeilles à jour, tant dorées
que d'argent, régnoient sur toute la longueur de
cette table. Elles estoient remplies d'annémones,
d'hyacintes, de jasmins d'Espagne, de tulippes et
de feuilles d'oranger, et de petits festons de fleurs
couroient par dessus. Il n'y avoit rien que de
naturel, et en voyant ces corbeilles, il estoit difficile

---

[1] Fille du roi et de mademoiselle de La Vallière
[2] Supplément, p. 65 et suiv.

B

Bassin de fruit Cru, Ovale de 21. pouces de long.

Corbeille

Plat de Confitures Seiches de 20 pouces

Place de Girandolle

Corbeille de fleurs dorée de 18. pouces de long, et 12. de large.

Cru 21. p

Sec 20 P.

Confitures 20. p.

Confitures 20 p

Flambeau

Soucoupe

Compoti

Assiette en Porcelaine

Assiette P.

Coupe

Soucoupe

Assiette en Porcelaine

Mademoiselle de Nantes · Mademoiselle de Bourbon · Madame la Duchesse · Madame la Grande Duchesse · Mademoiselle · Madame · Monseigneur

Mademoiselle de Tours · Madame de Carignan · Madame la Princesse de Conty · Madame de Guise · Mademoiselle d'Orleans · Monsieur le Duc de Chartres · Monsieur

La Reyne Le Roy

COUVERT DRESSÉ POUR LE MARIAGE DE MADEMOISELLE DE BLOIS.

D'après le Mercure galant.

de se souvenir qu'on fust au seizième janvier. Les étrangers qui virent ces fleurs crurent longtemps qu'elles estoient feintes, et s'ils ne les eussent vues de plus près quand on déservit, on n'auroit jamais pu leur persuader qu'elles eussent esté véritables.

Entre les corbeilles, il y avoit des girandoles de six bougies, avec des flambeaux de vermeil doré aux quatre coins des mesmes corbeilles. Ainsi, chacune se trouvant entre deux girandoles et quatre flambeaux, estoit environnée de seize lumières, qui, jointes à celles des lustres d'argent qui estoient suspendus le long de la table, faisoient admirablement briller le vif coloris d'un si grand nombre de fleurs.

Douze chandeliers de deux pieds de haut chacun, d'un admirable travail, et garnis de lumières d'une grosseur proportionnée à leur grandeur, donnoient encore un nouvel éclat à tout ce que je viens de vous décrire. Toutes ces corbeilles demeurèrent sur la table jusqu'à la fin de ce superbe repas, pour réjouir la veue et l'odorat pendant que le goust estoit occupé, et par ce moyen, la plûpart des sens pouvoient se satisfaire tout à la fois.

Il y eut trois services de cent soixante plats chacun, sçavoir un plat de neuf marcs entre quatre écuelles de six marcs et demy, chacune avec deux petits plats dorez hors d'œuvre. Tous les plats de chaque service montoient à quarante-six moyens plats de neuf marcs, à quatre-vingt-quatorze plats appellez écuelles, de six marcs et demy chacun, et à cinquante-six plats de vermeil doré, hors d'œuvre.

Le premier service estoit moitié potages, moitié

entrées ; et le second, moitié entremets et moitié rost, dont les plus grosses pièces estoient fort petites, et il y avoit pour seize mille livres d'ortolans. L'entremets estoit dans des porcelaines posées sur des plats. Le troisième service estoit le dessert.

Je vous envoye deux plans de ce grand repas, dans la 'mesme planche. Le premier marqué A, dans lequel il y a le moins d'écriture, est celui des deux premiers ; et le second marqué B, est celuy que j'ay fait graver pour le dessert. Ce qui est marqué soûcoupe estoit remply de quantité d'eaux glacées et de liqueurs dans des gobelets d'argent. Quant aux compotes, elles estoient dans des porcelaines fines. Quoy qu'il y eust grand nombre de personnes à table[1], toutes les assiettes estoient de vermeil doré et furent changées plusieurs fois.

Vers 1698, on inaugura un autre genre de surtout, qui est ainsi décrit par le *Mercure galant*[2] : « Il y avoit au milieu de la table un grand surtout ou milieu de table de vermeil doré. Il y a peu de temps que ces sortes d'ouvrages sont inventés. Ils demeurent sur la table pendant tout le repas. On en fait de plusieurs plans différens. Ils sont souvent enrichis de figures, et portent quantité de choses pour l'usage de la table, en sorte qu'on ne peut rien souhaiter de nécessaire à un

[1] Environ soixante-cinq personnes.
[2] N° d'avril 1698, p. 261.

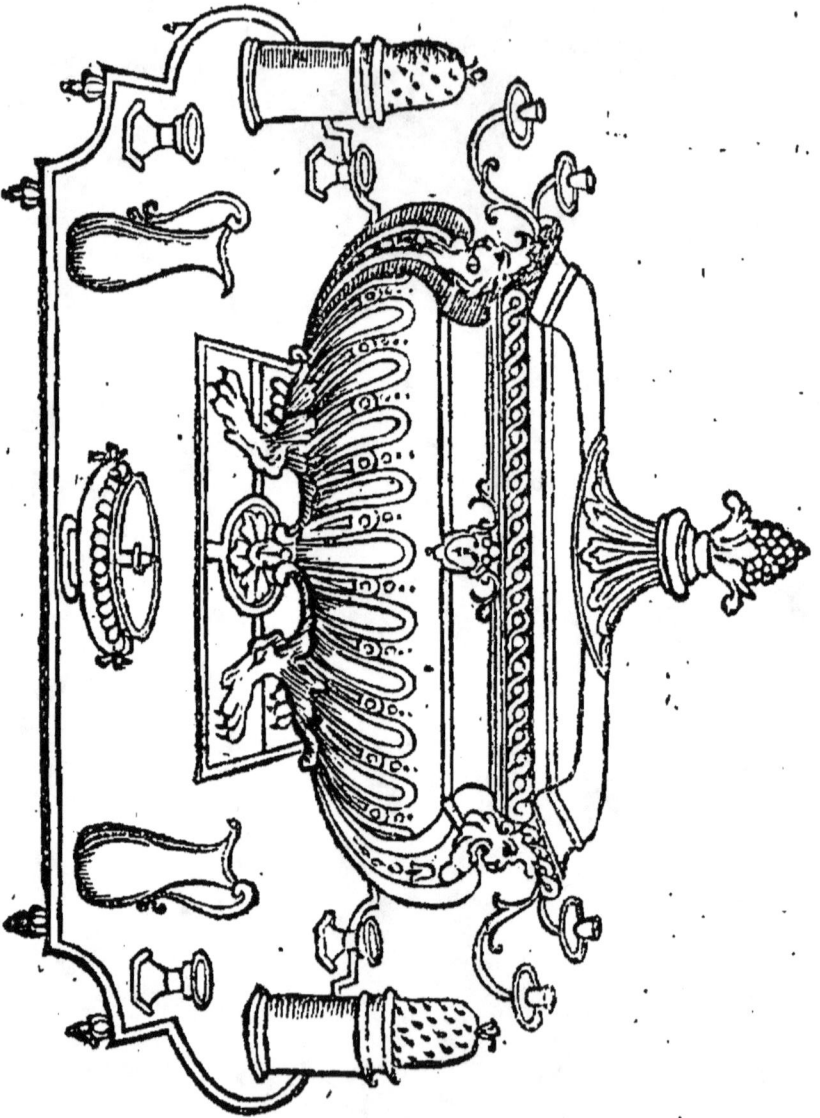

UN SURTOUT AU COMMENCEMENT DU DIX-HUITIÈME SIÈCLE.
D'après *Le cuisinier royal*.

repas que l'on n'y trouve. » Le *Nouveau cui-sinier royal* nous a transmis une vue de ce surtout perfectionné, qu'il s'obstine à nommer une *machine*[1].

Cela était très beau et très riche, mais on finit par se lasser de voir toujours dormir au milieu de la table le même ornement. On voulut de la variété et on en trouva. Les recherches entreprises dans ce sens créèrent même une industrie que la coquetterie fémi-nine n'avait pas su inventer, celle des fleurs artificielles. Les essais faits aux seizième et dix-septième siècles[2] n'étaient que des imita-tions trop grossières pour procurer l'illusion. On s'était découragé, et presque seules, les religieuses trompant l'ennui du cloître, s'ef-forçaient de copier la nature par un bizarre assemblage de plumes mal teintes et d'étoffes mal découpées.

Le premier qui réussit dans cet art fut un sieur Séguin, venu de Mende à Paris vers 1738. Avec du parchemin, du papier, du fil de fer et des cocons de vers à soie, il obtint

[1] La gravure que je reproduis ci-contre a pour légende : « Machine, autrement dit surtout, pour servir au milieu d'une grande table, qu'on laisse pendant tous les services. » Édit. de 1714, t. I, p. 1.

[2] Voy. le *Dictionnaire archéologique* de Gay, p. 192.

des fleurs dont ses contemporains furent réellement émerveillés [1]. Cependant, les femmes ne daignèrent pas aussitôt s'en parer, et Séguin ne travailla d'abord que pour la décoration des tables. Jaubert écrivait encore vers 1773 : « Quoi qu'on fasse un grand usage de ces fleurs à la toilette des dames, qu'on en décore les palais des grands seigneurs, que nos temples même en empruntent une partie de leurs ornemens, c'est surtout dans les desserts où elles sont plus employées, et une table qui en est couverte avec intelligence, a l'air d'un véritable parterre [2]. » Dès 1775, la fabrication des fleurs artificielles avait fait de tels progrès, qu'un sieur Beaulard présenta à Marie-Antoinette un bouton de rose qui s'épanouit en sa présence [3].

Dès lors, l'imagination des faiseurs de surtouts ne connut plus de limite ; on y vit figurer des arbres, des parterres, des bassins pleins d'eau, des temples dédiés à Pomone, etc., etc. [4]. Mais on ne renonça pas pour cela à utiliser pendant l'été les fleurs naturelles. On formait

[1] Voy. l'*Encyclopédie Diderot*, t. VI, p. 867.
[2] *Dictionnaire des arts et métiers*, t. II, p. 222.
[3] *Correspondance* de Métra, janvier 1775, t. I, p. 180.
[4] Voy. l'*Encyclopédie Diderot*, planches, t. IV.

des dessins avec de la glaise humide, sur
laquelle on piquait des fleurs à queue très
courte. Le confiseur Travers, un sieur Noël,
officier de cuisine du duc d'Orléans, et un
Suisse nommé Soleure, exécutèrent des surtouts qui eurent tour à tour une grande vogue.
Vers 1782, un sieur Cazade eut l'idée de
recouvrir une décoration de ce genre d'un
givre artificiel que la chaleur faisait fondre;
de sorte qu'au cours du repas, on voyait peu
à peu la rivière dégeler, les arbres reverdir,
les fleurs éclore, et le printemps, comme par
une sorte de prodige, étaler aux spectateurs
étonnés toute sa parure et sa magnificence.
Cette phrase n'est pas de moi, je l'emprunte à
Le Grand d'Aussy[1], qui nous apprend que
Cazade emporta dans la tombe le secret de
son invention.

Beaucoup d'autres objets, que je ne dois
passer sous silence, ornaient la table et complétaient le couvert. Le plus important de tous
portait le nom de nef. Ce fut d'abord une

---

[1] Tome III, p. 301. — « Au mois de janvier, on voit les
décorations givrées. Mais ce givre est artificiel, et il se fond
à la chaleur, ainsi que celui de la nature. J'ai vu sur une
table de douze pieds une rivière dégeler, les arbres verdir,
les fleurs éclore et le printemps naître avec sa robe verte. »
Mercier, *Tableau de Pàris*, t. XII, p. 210.

grande pièce d'orfèvrerie, ayant en général la forme d'un navire avec ses mâts et ses agrès, et dans laquelle on renfermait tous les objets dont le souverain allait se servir, couteau, cuillère, sel, cure-dents, épices, etc. L'inventaire dressé après la mort de Charles V mentionne :

7 nefs d'or.
21 — d'argent.
2 — de cristal.
1 — de jaspe rouge.

La plus riche est ainsi décrite : « La grant nef d'or, à deux angelz[1] sur les deux boutz, à quatre escussons esmaillez de France, dont les deux sont à troys fleurs de lys et les autres semez de fleurs de lys, et six lyons d'or qui la soutiennent. Et poise[2] cinquante troys marcs quatre onces d'or[3]. »

[1] Anges.
[2] Pèse.
[3] N° 334 de l'inventaire. — Mentionnons encore les suivantes :

N° 337. Item, la grant nef du Roy, que la ville de Paris luy donna.

N° 1242. Item, la grant nef d'argent, qui fut du roy Jehan, à deux chasteaulx aux deux boutz et à tournelles tout entour.

N° 1254. Item, une grant nef d'argent doré, plumetée par dehors, et est assise sur une rivière, et a aux deux boutz

La nef resta fort en honneur pendant le
quinzième et le seizième siècle[1]. S'il faut en
croire Varillas[2], les luthériens réussirent à
glisser dans la nef royale des billets imprimés,
aussi offensants pour François Ier que l'avaient
été les placards affichés à la porte de sa
chambre.

A dater du seizième siècle, les riches seigneurs qui veulent imiter le roi et n'osent
faire parade d'une nef, la remplacent par un
ustensile plus simple, auquel ils donnent le
nom de cadenas. Artus d'Embry, décrivant la
cour de Henri III, en parle comme d'une
nouveauté : Je vis, dit-il, une sorte d'assiette,
« non de la forme des autres, car elle avoit
un petit rond au bout qui estoit eslevé, et un
petit enclos[3] en long, en forme d'un chetton[4],
où on pouvoit mettre le cousteau, la fourchette et la cuillère. Sur le reste, on mettoit
le pain. Je prenois cela, au commencement,

deux grans daulphins, et assise sur deux bugles et deux
hommes qui chevauchent.

N° 1262. Item, une grant nef d'argent, dorée, séant sur
six lyons, et à chascun bout a ung chastel où il y a une
ange, et est le corps de la nef tout sémé d'esmaulx.

[1] Voy. Artus d'Embry, p. 100 et 101.
[2] *Histoire de l'hérésie*, t. II, p. 326.
[3] Entourage.
[4] Tiroir. — On écrit ordinairement *chetron*.

pour une escritoire, mais on me dit qu'on le nommoit un cadenas. Je ne scay pas pourquoy ils luy avoient donné ce nom[1]. » Il le devait sans doute à ce que le tiroir réservé sous l'assiette était fermé à clef. Ce petit meuble finit par se simplifier. Sous Louis XIV, ce n'était déjà plus qu'un plateau hexagone, dépourvu de tiroir, et sur lequel on posait la serviette et le couvert. Il est ainsi représenté dans les armoiries du duc de Brissac, grand panetier de France en 1644, et qui, à ce titre, avait ses armoiries accompagnées d'une nef et d'un cadenas[2].

A cette époque, la nef historique figurant un navire existe toujours, mais on ne s'en sert plus guère. Elle aussi a changé de forme. Comme on le voit ci-contre, c'est maintenant une grande et haute coupe ovale, fermée par un couvercle. Aux repas officiels, on la plaçait à l'extrémité de la table du roi ; les autres jours, elle restait sur la table du prêt[3]. Sous Louis XIV, la nef du roi, avant d'être portée sur la table, attendait dans la salle des gardes,

---

[1] Page 101.
[2] Voy. Vulson de la Colombière, *La science héroïque,* 1644, in-folio, p. 492, et l'*Encyclopédie raisonnée,* article art héraldique.
[3] *État de la France pour* 1749, t. I, p. 144.

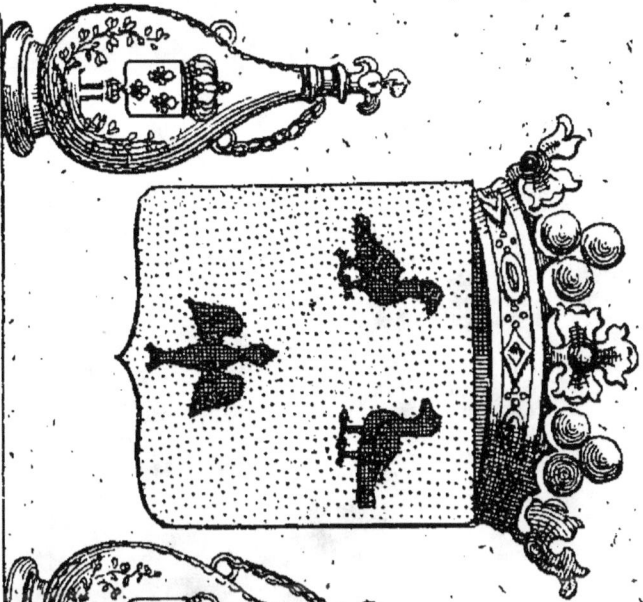

Grand Bouteiller Echanson
André de Gironde
Supprimée.

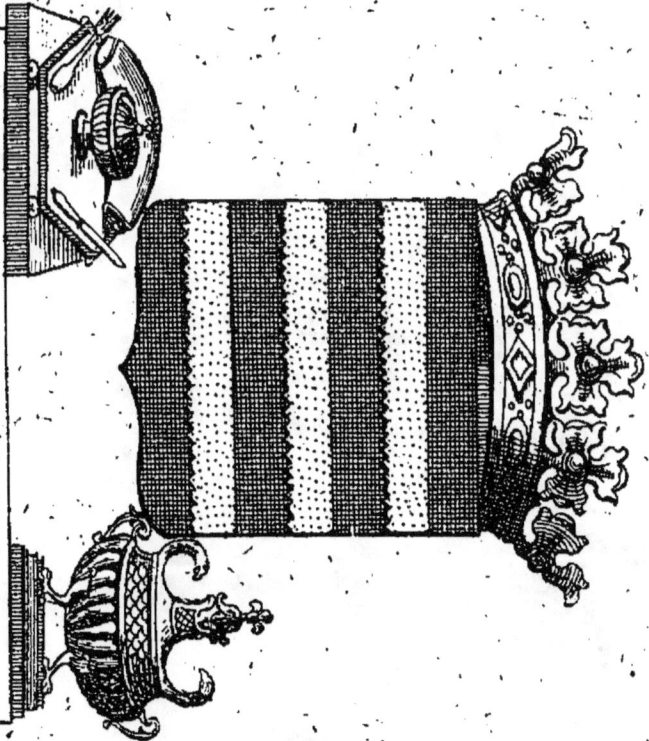

Grand Panneteier
Jean Paul Timoléon de Cossé
Duc de Brissac.

D'après l'Encyclopédie raisonnée.

et des gardes du corps en armes veillaient sur elle. Tout le monde traversait cette salle pour se rendre dans la pièce où avait lieu le repas, et en passant devant la nef, on était tenu de faire une profonde révérence. Cette marque de respect ne survécut pas au règne de Louis XIV [1].

La nef qui servait alors dans les occasions solennelles, chef-d'œuvre de Claude Ballin, avait été offerte au roi par la ville de Paris. C'était une vaste coupe d'or massif, ornée de rubis, de saphirs et de diamants [2].

D'Hézecques, page à la cour de Louis XVI, écrit qu'au grand couvert, « le roi et la reine avaient près d'eux leurs nefs ou cadenas, c'est-à-dire des cassettes de vermeil contenant le sel, le poivre, les couverts et les couteaux [3]. » Madame de Genlis, contemporaine d'Hézecques, définit pourtant le cadenas « un petit plateau sur lequel étoient des salières, un huilier, etc. [4]. » Il est donc probable que l'aspect de ces objets a souvent varié. Au reste, à la fin du dix-huitième siècle, on ne les employait plus guère. L'édition du *Dictionnaire*

[1] Voy. Duc de Luynes, *Mémoires*, décembre 1738, t. II, p. 290.
[2] *Anecdotes du règne de Louis XVI*, t. I, p. 97.
[3] *Souvenirs d'un page*, p. 197.
[4] *Dictionnaire des étiquettes de la cour*, t. I, p. 191.

de Trévoux, publiée en 1771, constate déjà qu'« on s'en servoit autrefois chez les rois et les princes[1]. »

Napoléon conserva l'usage de la nef. C'est là que le grand maréchal du palais prenait la serviette qu'il était chargé de présenter à l'empereur[2].

Après la nef, et adoptant souvent la même forme, venaient les salières. Charles V possédait :

8 salières	d'or	garnies de pierreries.
9	—	— sans pierreries.
22	—	d'argent.
2	—	de calcédoine.
2	—	de cristal.

Voici la description de deux d'entre elles :

Une salière d'or où sont deux coquilles d'or à couvescle, et sur le couvescle de chascune a ung pommelet esmaillé de France et une perle ronde, et, au dessus est le grant serpent qui estoit au Louvre d'ancienneté. Assise en or, en laquelle pendent à chaynettes d'or troys esmeraudes, troys saphirs, deux langues de serpent[3], deux escussons de France, et huit autres pierres. Et est le pié

---

[1] Tome II, p. 138.
[2] *Étiquette du palais impérial*, liv. V, chap. 1 et 2, art. 8 et 23.
[3] Voy. *Les repas*, p. 22.

d'icelle d'argent doré, à deux escussons de France, lequel est soustenu de six lyons.

Item, une salière en manière de nef, garnye de pierreries, et aux deux boutz a deux daulphins, et dedans deux singes qui tiennent deux avirons. Et autour de la salière a huit balaiz et huit saphïrs et vingt huit perles. Et au long du mast de la nef, qui est d'or à quatre cordes de menues perles, y a deux balaiz et deux saphirs percez, et une grosse perle à moulinet pendant à une chayne d'or au col d'un singe qui est sur le mast. Et au pié de ladicte salière a six ballaiz et six saphirs et vingt-quatre perles[1].

Dans les ménages bourgeois, même aisés, la salière n'était en général qu'un morceau de pain creusé[2].

Les sauces, et par conséquent les saucières, jouaient un rôle important dans les repas de cette époque. Comme les moutardiers, on les faisait d'or, d'argent ou de terre cuite.

L'ovier était destiné à présenter les œufs servis avec leur coquille. L'inventaire de Charles V ne laisse aucun doute sur ce point, puisqu'on y trouve cité « un ovyer d'or à six fonceaulx[3], pesant 3 marcs 5 onces[4]. » On

[1] *Inventaire*, nᵒˢ 320 et 322.
[2] *Ménagier de Paris*, t. II, p. 114.
[3] Godets.
[4] Nᵒ 469.

donnait cependant le même nom au coquetier qui, ainsi que la salière, se creusait souvent dans un morceau de pain au moment de mettre la table.

Les casse-noix et les casse-noisettes étaient appelés *truquoises, tricoises* [1], etc.

Des bassins remplis de braise ou de cendre chaude, et nommés *chaufouères* ou *chauffettes*, jouaient le rôle de nos réchauds. Mais on se contentait le plus souvent de couvrir les plats d'une cloche de métal dite *garde-mengier*.

Des *garde-nappes* en argent, en cuivre, en étain ou en bois, se plaçaient sous les plats.

Signalons enfin le *pot à aumône*, dans lequel on recueillait les restes encore présentables pour les distribuer aux pauvres. La *corbeille à aumône* recevait les restes de pain. On trouve dans l'inventaire de Charles V, trois pots à aumône en or, dix en argent, et une « corbeille de l'aumosne » du même métal.

---

[1] Tenailles.

II

L'HEURE DES REPAS.

L'heure des repas au treizième et au quatorzième siècle. —
Le quinzième siècle. — Louis XII. — Le seizième siècle.
— Doit-on manger le matin? — Origine de l'expression
tuer le ver. — Régime recommandé à Henri III par son
médecin. — Henri IV. — Plan de vie dressé par le médecin Héroard pour Louis XIII. — Le règne de Louis XIV.
— Les *chercheurs de midi.* — La Régence. — Le dîner
retardé jusqu'à trois heures. — L'heure du théâtre. —
Proposition faite par Panckoucke. — Le dîner retardé
jusqu'à cinq heures. — Le dix-neuvième siècle reprend
les heures de repas du dix-septième.

Je lis partout que, jusqu'au commencement
du seizième siècle, on dînait à dix heures et
l'on soupait à quatre heures. Je ne sais par
qui cette assertion a été émise pour la première fois, mais je ne crois pas qu'elle soit
bien vieille, car il y a peu de temps que l'histoire daigne aborder, même en passant, des
questions aussi futiles. Quoi qu'il en soit, son
succès a été très grand, et il dure encore. En
général, il faut se défier de l'exactitude des

faits que l'on voit passer ainsi dans la circulation et s'accréditer sans preuves. C'est ce que
j'ai fait, et voici tout ce que j'ai pu trouver sur
ce sujet.

A la fin du treizième siècle, les ouvriers
foulons se mettaient au travail dès le point du
jour. Ils déjeunaient chez leur maître à six
heures du matin. Ils allaient dîner au dehors
à une heure qui n'est point fixée. Enfin, ils
quittaient l'atelier à six heures en hiver et à
neuf heures en été, et ne pouvaient par con-.
séquent souper plus tôt [1].

En 1342, on attendait en hiver pour souper que le couvre-feu eût sonné :

> Adonc alèrent Soing et Cure
> Tost la chandelle appareillier
> Pour jusqu'à cueuvre-feu veillier,
> Car d'hiver estoit la saison,
> Qu'on ne souppe pas, par raison,
> Jusqu'à tant que l'oie [2] sonner [3].

Ordinairement, les cloches des églises son-
naient le couvre-feu à sept heures en hiver et
à huit heures en été, mais l'usage d'éteindre

---

[1] Ét. Boileau, *Livre des métiers* [1268], titre LIII,
art. **8, 11** et **19**.

[2] Qu'on l'entende.

[3] Jean Bruyant, *Le chemin de povreté et richesse*, publié
dans *Le ménagier de Paris*, t. II, p. 39.

à ce signal le feu et la lumière, n'était plus observé que dans les couvents.

Nous savons, par Christine de Pisan [1], que Charles V se levait entre six et sept heures, allait entendre la messe à huit, déjeunait à dix, et soupait « d'assez bonne heure. »

Vers 1370, le chevalier de La Tour Landry enseignait à ses filles qu'après avoir entendu à jeun le plus de messes possible, il leur fallait prendre le premier repas entre six et neuf heures du matin [2].

Les statuts accordés en décembre 1384 aux tondeurs de drap, stipulent que les ouvriers arriveront à l'atelier « à l'heure de soleil levant. » Ils allaient déjeuner à neuf heures, dîner à une heure, et ils n'abandonnaient le travail qu' « à heure de soleil couchant. » Mais, au milieu de la journée, on leur accordait une demi-heure de liberté, « demi-heure pour boire, » dit l'ordonnance : c'était donc une sorte de goûter entre le dîner et le souper [3].

Enfin, *Le ménagier de Paris* composé vers

---

[1] Collection Michaud, t. I, p. 610 et 611.
[2] « Entour prime et tierce, et souper à heure convenable selon le temps. » Édit. elzévir., p. 14.
[3] *Ordonnances royales*, t. VII, p. 100, art. 12.

1393, prescrit à toute personne ayant sens et discrétion de ne pas manger « trop matin, avant qu'elle ait dit ses heures ou avant qu'elle ait été au moustier; » car, ajoute l'auteur, « créature ne doit pas mengier avant l'heure de tierce[1], si ce n'est pour cause de maladie ou de foiblesse[2]. » Cet austère moraliste aurait même volontiers supprimé les repas suivants : « Mengier une fois le jour, dit-il, est vie d'ange, et mengier deux fois le jour est vie humaine, et trois fois ou quatre ou plusieurs est vie de beste et non pas de créature humaine. »

De tout ceci, il faudrait conclure que, du treizième au quinzième siècle, on se mettait à table :

Pour déjeuner, entre six et dix heures.

Pour dîner, vers une heure.

Pour souper, entre sept et huit heures.

Au quinzième et au seizième siècle, les documents concernant cet intéressant problème ne sont pas beaucoup plus abondants et présentent encore bien des contradictions.

Un passage du *Petit Jehan de Saintré*, roman

[1] Neuf heures.
[2] Tome I, p. 49. — Les domestiques dînaient alors à midi, voy. t. II, p. 70

écrit vers 1460, semble indiquer que l'on dinait alors aux environs de midi [1].

Le *Fidèle serviteur* nous apprend que Louis XII dinait le matin à huit heures et se couchait le soir à six heures [2]. Cela dura jusqu'à son mariage avec Marie d'Angleterre, « jeune guilledine [3] qui, comme dit Brantôme, le mena en paradis tout droit et plus tost qu'il n'eust voulu [4]. » De fait, les deux seules préoccupations de la belle Anglaise étaient de se divertir, et de s'assurer un héritier « pour vivre et régner reyne mère après la mort du roy son mary [5]. » Celui-ci ne s'associa que trop à ces désirs. Oubliant son âge et sa goutte, il voulut « faire du gentil compagnon avecques sa femme [6]; » afin de lui plaire, il accepta de diner à midi au lieu de huit heures, et de se coucher à minuit au lieu de six heures. Tout cela, sans compter le reste. En sorte que deux mois de cette vie nouvelle le conduisirent au tombeau, et Marie fut renvoyée

[1] Édit. Guichard, p. 229.
[2] *Histoire du bon chevalier sans paour*, coll. Michaud, t. IV, p. 592.
[3] Haquenée.
[4] *Grands capitaines*, édit. Lalanne, t. II, p. 369. — Voy. aussi t. VII, p. 330.
[5] Brantôme, *Des dames*, t. IX, p. 641.
[6] Fleurange, *Mémoires*, collection Michaud, t. V, p. 45.

dans son pays, qu'elle aurait bien dû ne
jamais quitter.

A l'époque où ce bon roi dînait à huit heures, il soupait le soir entre quatre et cinq[1].
Mais le dîner se vit tout naturellement reculé
à mesure que, se couchant plus tard, on en
vint à se lever de moins bonne heure. Rabelais cite le vieux proverbe :

> Lever à cinq, dîpner à neuf,
> Soupper à cinq, coucher à neuf
> Fait vivre l'homme dix fois neuf[2];

qui ne tarda pas à être modifié ainsi :

> Lever à six, disner à dix,
> Souper à six, coucher à dix
> Fait vivre l'homme dix fois dix[3].

Du moment où il fut établi que l'on gagnait
dix ans de vie en se levant et en dînant une
heure plus tard, personne n'hésita plus. On
peut donc admettre que, sous François Ier,
l'usage à la cour fut de dîner vers dix heures
et de souper vers six heures. C'est ainsi, au

---

[1] Voy. une lettre adressée en 1510 à Marguerite d'Autriche par Jean Caulier, dans les *Lettres du roy Louis XII*,
t. II, p. 43.

[2] *Pantagruel*, liv. IV, chap. 64. — Rabelais ne donne
pas le dernier vers; que l'on écrit parfois ainsi :

> Fait vivre d'ans nonante neuf.

[3] Voy P. Gontier, *Exercitationes hygiasticæ*, p. 454.

reste, que devait vivre Marguerite d'Angou-
lême[1].

Le peuple imitait-il la cour? Je ne le crois
pas. Des occupations toutes différentes exi-
geaient aussi un autre genre de vie. Les Parisiens semblent, en outre, avoir toujours conservé sur ce point une grande indépendance.

Il était de principe de ne pas manger le
matin avant d'avoir fait quelque exercice.
Jean Sulpice, dans sa *Civilité*[2] publiée en
1483, s'exprime ainsi : « Je n'approuve pas
commencer à manger et boire dès incontinent
que tu es hors du lict. Selon mon jugement,
on doit ordonner une heure pour prendre ses
repas, comme à six ou sept heures après qu'on
est levé et après qu'on a faict suffisant exercice du corps et de l'esprit. » Ponocrates,
pénétré de cette doctrine, l'enseignait à Gargantua, qui proteste par la plume de Rabelais,
et répond sagement « que le desjeuner fait
bonne mémoire, et qu'on n'en disne que

---

[1] « Si tost que le matin fut venu, s'en allèrent en la
chambre de madame Oisille, laquelle trouvèrent desjà en ses
oraisons, et quand ilz eurent oy une bonne heure sa leçon et
puis dévotement la messe, s'en allèrent disner à dix heures. »
Heptameron, prologue, édit. Le Roux de Lincy, t. I, p. 248
[2] *Libellus de moribus in mensa servandis.* Je cite la traduction donnée par Guillaume Durand en 1545.

mieux[1]. » Mais beaucoup d'ouvriers parta-
geaient les préjugés de Ponocrates, et il est probable que l'habitude de remplacer le premier
repas par des spiritueux rémonte à cette époque. Donc, on *tuait le ver* au seizième siècle
comme au dix-neuvième, et je crois bien avoir
découvert dans un de nos vieux chroniqueurs
l'origine de cette coutume. Lisez : « Audict
an 1519, en juillet, mourut subitement made-
moyselle, femme de M: la Vernade, l'un des
maistres des requestes du Roy... Dont elle fut
ouverte, et luy fut trouvé un ver en vie sur le
cœur, qui luy avoit percé le cœur. Et lors, fut
mis sur le cœur du métridal[2] pour le faire
mourir, mays il n'en mourut point. Puis y fut
mis du pain trempé en vin, dont incontinant
ledict ver mourut. Parquoy il ensuyt qu'il est
expédient de prendre du pain et du vin au
mátin, au moings en temps dangereux, de
peur de prendre le ver[3]. »

Rabelais écrivait alors que « le riche se doibt
repaistre quand il aura faim, le povre quand
il aura de quoy[4], » pensée profonde que Ga-

---

[1] *Gargantua*, liv. I, chap. 21.
[2] Du mithridate, antidote célèbre.
[3] *Journal d'un bourgeois de Paris sous François Ier*, p. 81.
[4] *Pantagruel*, liv. IV, chap. 64.

briel Chappuys lui emprunta sans en rien dire,
et qu'il formula en ces termes : « L'heure de
souper, aux riches est quand ils veulent, et
aux pauvres quand ils peuvent [1]. » A la même
date, l'ambassadeur vénitien Lippomano re-
marquait que les Parisiens étaient « très désor-
donnés dans leur manière de manger, car,
ajoute-t-il, ils mangent quatre ou cinq fois
par jour sans règle ni heure fixe [2]. » Retour-
nons donc à la cour, et constatons que Henri III
dînait au sortir de la messe [3], et soupait « précisément à six heures du soir [4]. »

Le roi ne suivait donc pas alors le régime
que lui avait tracé son médecin Laurent Joubert, et qui variait ainsi suivant les saisons [5] :

MAI, JUIN, JUILLET, AOUT :

Lever à 5 heures.
Dîner à 9 —
Souper à 5 —
Coucher à 9 —

---

[1] *La civile conversation* [1579], p. 459.
[2] *Correspondance des ambassadeurs vénitiens*, t. II, p. 569.
[3] *Règlement pour la maison de Henri III* [août 1578].
Dans Douët-d'Arcq, *Comptes de l'hôtel*, notice, p. VII.
[4] *Règlement pour la maison de Henri III* [janvier 1585].
Ibid. p. IX.
[5] L. Joubert, *De la santé du prince.* Dans les *Erreurs
populaires touchant la médecine*, édit. de 1579, p. 622.

SEPTEMBRE, OCTOBRE, MARS, AVRIL :

Lever à 6 heures.
Dîner à 10   —
Souper à 6   —
Coucher à 10   --

JANVIER, FÉVRIER, NOVEMBRE, DÉCEMBRE :

Lever à 7 heures.
Dîner à 11   —
Souper à 7   —
Coucher à 11   —

Montaigne, qui aimait à rester au lit le matin, avait adopté pour toute l'année ce dernier régime. Il se levait à sept heures, dînait à onze heures, mais soupait à six[1]. C'est, à peu de chose près, ce que conseillait à ses clients Joseph Duchesne (Josephus a Quercu), médecin de Henri IV. Il interdisait toute nourriture le matin, et voulait que l'on dînât entre dix et onze heures. Après ce repas, qui doit durer une heure, « faut, écrit-il, se contenir à table, sans en bouger, une bonne demi-heure pour le moins, en devis agréables avec la compagnie. Souper à six heures. Puis, sur les neuf heures en esté, il sera temps d'allumer chandelles, et penser à s'aller coucher à dix[2]. »

[1] *Essais*, liv. III, chap. 13.
[2] *Le pourtraict de la santé*, p. 365.

Henri IV, en effet, dînait à onze heures.
Régnier, dans sa douzième satire composée
avant 1608, nous apprend[1] qu'à « midy
sonné »

    . . . . Au logis du Roy tout le monde a disné.

Dans la bourgeoisie, où l'on était plus
occupé, on ne se mettait sans doute à table
que vers midi. C'est au moins ce qui me semble résulter de cette anecdote que Tallemant
des Réaux attribue à Malherbe :

Allant disner chez un homme qui l'en avoit
prié, il trouva à la porte de cet homme un valet qui
avoit des gants dans ses mains ; il estoit onze heures.
— Qui estes-vous, mon amy, luy dit-il ? — Je suis le
cuisinier, monsieur. — Vertu Dieu ! reprit-il en se
retirant bien viste, je ne disne pas chez un homme
dont le cuisinier à onze heures a des gants dans ses
mains[2].

Le médecin J. Héroard avait dressé un plan
de vie pour le petit Louis XIII, et il y réglait
de cette manière l'emploi de chaque journée :

    A 7 heures, habillé.
    De 7 à 9   —   étude.
    De 9 à 11 —   étude et récréation.
    A 11   —   *dîner.*

[1] Vers 16.
[2] *Historiettes*, t I p 283

De midi à 1 heure, récréation.
    De 1 à 3   —   étude.
    De 3 à 6   —   récréation.
      A 6   —   *souper.*
      A 9   —   coucher[1].

Louis XIII avait neuf ans quand on voulut le soumettre à ce régime[2], et je ne sais combien de temps il le suivit. Mais à dater de 1627, son dîner est retardé d'une heure, il ne le prend plus qu'à midi[3]; il continue, d'ailleurs, à souper à six heures[4].

Gaspard Bachot, qui eut aussi le titre de médecin du roi, publia en 1626 un traité d'hygiène dans lequel l'appétit, les repas, et même « l'en-bon-point, » occupent naturellement une place importante. Les personnes, dit-il, qui « ont voulu régler les repas du Prince, sur lequel les autres doivent mouler leurs actions pour ne s'en esloigner que le moins qu'ils pourront, » auront soin de laisser un intervalle

de 4 heures entre le lever et le diner,
de 8 —   — le dîner et le souper,

[1] *De l'institution du prince.* A la suite du *Journal sur l'enfance et la jeunesse de Louis XIII*, t. II, p. 342.
[2] J. Héroard, *Journal*, t. I, p. 376.
[3] *Ibid.*   *Ibid.*   t. II, p. 311 et 312.
[4] *Ibid.*   *Ibid.*   t. II, p. 299 et 316.

de 4 heures entre le souper et le coucher.

C'est presque exactement le programme tracé par Héroard. Mais il s'agit ici des courtisans, des nobles, des riches bourgeois, pour lesquels, comme nous l'avons vu, il n'est jamais question que de deux repas par jour. Les « artisants et autres de grandissime travail » en faisaient quatre, et le docteur les engage à les prendre de quatre en quatre heures [1].

Somme toute, les citations qui précèdent nous donnent le droit d'avancer qu'entre le règne de François Ier et celui de Louis XIII, les repas furent retardés d'une heure. Quand Louis XIV monte sur le trône, on ne dîne plus guère qu'entre onze heures et midi, et l'on soupe entre six et sept heures.

Nous savons par Saint-Simon que Louis XIV dînait à une heure et soupait à dix [2]. Mais, durant cette période, les grands seigneurs n'imitent plus le roi. Forcés d'assister aux repas du maître, ils doivent prendre les leurs plus tôt. Nous allons donc voir que, dans la seconde partie du dix-septième siècle, on dîne

[1] *Partie troisiesme des erreurs populaires touchant la médecine et régime de santé*, p. 432.
[2] Édit. in-18, t. XII, p. 120, 175 et 180.

à midi et l'on soupe entre sept et huit heures.

Le principal convive du repas décrit dans la troisième satire de Boileau [1], ne s'était pas fait attendre :

J'y cours, midi sonnant, au sortir de la messe,

raconte-t-il.

Dans *Les costeaux ou les marquis frians,* pièce composée par l'acteur Villiers en 1665, le poète nous présente trois parasites, Clidamant, Léandre et Valère, qui sont arrivés en retard chez Thersandre. Celui-ci, leur dit le maître d'hôtel, avait fait servir

Immédiatement après midy sonné.

On pourrait en conclure que Thersandre dinait ordinairement plus tôt, mais la suite du dialogue n'autorise pas cette hypothèse :

LÉANDRE, *prenant sa montre.*
Voyons quelle heure il est.
        CLIDAMANT.
        Eh bien, comte, quelle heure?
        LÉANDRE.
Plus d'une heure et demie.....
        CLIDAMANT.
        Et sçache qu'à cette heure
. . . . On a diné partout [2].

La règle était si stricte que, dans certaines

[1] Composée en 1665.
[2] Scènes 14 et 15.

phrases, le mot midi était devenu synonyme
de dîner. On appelait *chercheurs de midi* les
parasites[1], les écornifleurs, ainsi que l'on
disait alors ; et comme dès onze heures ils se
mettaient en quête de leur repas, ils avaient
donné naissance au proverbe : *chercher midi
où il n'est qu'onze heures*[2]. Dans *L'orphelin
infortuné*[3], mauvais roman publié en 1660
par Oudin de Préfontaine, le héros avoue ainsi
tout franchement à quel métier la misère
l'avait condamné : « La grande nécessité où
j'étois m'ayant pourvu d'un office de *cherche-
midy*, j'allois parfois en des couvents ; mais
j'y trouvois petite chance, au moins pour moy,
car pour les moynes, ils faisoient une telle
chère que si la fumée de leurs bons morceaux
qui me passoient devant le nez eût été rassa-
siante, cela m'auroit bien nourry. »

On dîne à midi, *ad meridiem*, et l'on soupe
vers sept heures, écrit en 1668 Pierre Gon-

---

[1] Jusqu'à la Révolution, il y eut toujours à Paris une
foule de personnes, des plus honorables même, habituées à
dîner en ville chaque jour. Mercier, vers 1782, ne croyait
pas exagérer en fixant leur nombre à vingt mille. Voy. son
Tableau de Paris, chap. 56, t. I, p. 176.

[2] Voy. le *Dictionnaire de Trévoux*, t. II, p. 509 et t. V,
p. 990.

[3]. *L'orphelin infortuné ou le portrait du bon frère, histoire comique et véritable de ce temps*, p. 243.

tier [1]. Il nous révèle aussi que beaucoup de bourgeois faisaient alors précéder le diner d'un *déjeuné* et le souper d'une *collation* ou d'un *gousté*, ce qui portait à quatre le nombre de leurs repas. Pierre Gontier recommande de ne se coucher que deux ou trois heures après le souper, et dans son livre, écrit en latin, il cite ce proverbe qu'il attribue à sa pieuse mère : « C'est un sault périlleux de la table au lict [2]. »

Madame de Sévigné mande à sa fille le 6 septembre 1671 [3] : « Voici ce que je fis l'autre jour. Vous savez comme je suis sujette à me tromper ; je vis avant diner, chez M. de Chaulnes, un homme au bout de la salle, que je crus être le maitre d'hôtel. J'allai à lui, et lui dis : Mon pauvre monsieur, faites-nous diner, il est une heure, je meurs de faim. »

Dans *Le lutrin*, composé vers 1672, le prudent Gilotin rappelle au prélat courroucé

. . . . . Que midi va sonner,
Qu'il va faire, s'il sort, refroidir le diner [4].

Le 6 juillet 1676 [5], Mme de Sévigné déplore

---

[1] *Exercitationes hygiasticæ*, p. 454.
[2] Page 468.
[3] Tome II, p. 349.
[4] Chant I, vers 95 et 96.
[5] Tome IV, p. 515.

le sort de sa nièce que la guerre vient de faire
veuve, et qui « aimeroit bien à vivre réglé-
ment, et à dîner à midi comme les autres. »
L'année suivante, la marquise est à Vichy, où
« tout est réglé, tout dîne à midi, tout soupe
à sept, tout boit à six [1]. » Pour elle, aussitôt
rentrée à Paris, elle retarde son souper jusqu'à
huit heures : « De sottes gens, écrit-elle le 20
octobre [2], veulent qu'on soupe à six heures sur
son dîner, je me moque d'eux, je soupe à huit ;
mais quoi ? une caille ou une aile de perdrix. »

Le *Dictionnaire* de Furetière, publié en
1701 [3], donne encore, au mot *midi*, ces exemples : « Le midi est l'heure ordinaire du dîner.
Il faut aller trouver les gens entre onze heures
et midi. » Puis, il ajoute : « Chercher midi
quand il n'est qu'onze heures se dit des écornifleurs qui viennent avant l'heure du dîner
pour ne le manquer pas. On les appelle aussi
démons du midi. On appelle aussi *chercheurs
du midi* ceux qui vont dans les maisons à midi
pour tâcher de dérober quelque chose quand
le couvert est mis [4]. »

---

[1] 6 septembre 1677, t. V, p. 314.
[2] Tome V, p. 370.
[3] Voy. aussi l'édition de 1727.
[4] L'expression *chercheur du* ou *de midi* paraît avoir
changé de sens depuis le début du siècle. Antoine Oudin, en

On voit donc qu'à la fin du dix-septième siècle, les repas sont exactement distribués comme aujourd'hui. L'un se prend vers midi, l'autre entre sept et huit heures. Le dix-huitième siècle va changer tout cela.

Au mois de septembre 1714, la princesse Palatine, mère du Régent, décrivait ainsi la vie que menait une grande dame. Elle se levait à neuf heures, faisait ses prières, s'habillait, recevait des visites, lisait et écrivait jusqu'à midi. Elle se rendait alors à l'église, et rentrait à une heure pour dîner. Le soir, elle assistait au souper du roi, qui avait alors lieu vers onze heures. A minuit et demi, le roi se retirait, et chacun allait se coucher [1]. Voici donc le dîner encore reculé d'une heure, et le souper termine maintenant une journée qui ne s'achève que fort tard. On appelle des *soupe sept heures* les gens arriérés qui ont conservé les vieilles coutumes, et dédaignent les divertissements du soir [2].

Moins de vingt ans après, le bon ton exige que l'on ne dîne pas avant trois heures. Dans

1640, la traduit seulement par les mots : « impertinent, larron, querelleux. » *Curiositez françoises*, p. 347.

[1] *Lettre du 20 septembre*, t. I, p. 146.
[2] *Dictionnaire de Trévoux*, au mot *souper*.

La coquette de Baron, Cidalise se plaint devant Marton, sa femme de chambre, que Damis ait un mauvais caractère :

MARTON.

Cela est vrai. Vous ne vous levâtes pas hier assez matin et vous le fites attendre à diner; il querella deux heures.

CIDALISE.

Dine-t-on devant trois heures à Paris?

MARTON.

C'est ce que je lui dis[1].

Le souper restait toujours fixé entre dix et onze heures. En 1735, Voltaire reprochait à Thiériot de vivre « comme si l'homme avoit été créé uniquement pour souper. » Vous n'existez, lui écrivait-il, quë « depuis dix heures du soir jusqu'à deux heures après minuit[2]. »

Un ouvrage, publié en 1768, nous fait connaître qu'à cette date

Les artisans dînaient à 9 heures.

Les provinciaux — midi[3].

Les Parisiens — 2 heures.

[1] Acte I, scène 4.
[2] *Lettre* du 12 juin, édit. Beuchot, t. LII, p. 38.
[3] Les filles aussi, comme le prouvent ces deux vers :
   A midi l'on mange la soupe,
   Le soir il faut encor souper.
(J.-H. Marchand, *Complainte des filles ausquelles on vient d'interdire l'entrée des Tuileries à la brune*, 1768, 15 pages in-8°.)

Les gens d'affaires à 2 heures et demie.

Les seigneurs　—　3 heures [1].

Le *Dictionnaire de Trévoux* est donc bien excusable quand, sans préciser davantage, il définit le dîner un « repas que l'on prend vers le milieu du jour [2]. » En effet, jusqu'à la Révolution, l'on dîna vers trois heures et l'on soupa vers dix heures. Mercier écrivait en 1782 : « A trois heures, on voit peu de monde dans les rues, parce que chacun dîne... A onze heures, nouveau silence, c'est l'heure où l'on achève de souper [3]. » Et plus loin : « On ne dîne plus qu'à trois heures, et qui oseroit arriver dans une maison pour souper avant neuf heures et demie [4] ? » Toutefois, dans les collèges et les couvents, on avait conservé l'habitude de dîner vers onze heures. Dans la petite bourgeoisie, beaucoup de personnes faisaient de même [5] : en 1785, Mme Roland, alors à Cresy, dînait à midi [6].

L'heure du théâtre avait naturellement va-

---

[1] *Dictionnaire critique, pittoresque et sentencieux, propre à connoître les usages du siècle*, t. I, p. 108.

[2] Édit. de 1771, t. III, p. 358.

[3] *Tableau de Paris*, chap. 330, t. IV, p. 148 et 150.

[4]　　*Ibid.*,　　chap. 598, t. VII, p. 293.

[5] *Mercure de France*, n° du 20 octobre 1781, p. 134.

[6] *Lettre* du 23 mars 1785. A la suite des *Mémoires*, t. I, p. 285.

rié en même temps et dans le même sens que celle du dîner. Une ordonnance de novembre 1609 enjoignait aux comédiens de commencer à deux heures ; ce moment fut retardé, sous Louis XIII jusqu'à trois heures, et sous Louis XIV jusqu'à cinq[1]. On s'en tint là pour longtemps, et si la princesse Palatine, en 1714, se rendait à la comédie vers sept heures[2], c'est qu'elle ne se souciait guère d'assister à toute la représentation.

En 1781, le libraire Panckoucke publia une brochure fort curieuse[3], dans laquelle il demandait que l'on retardât le moment du dîner jusqu'à cinq heures, et que les théâtres n'ouvrissent plus leurs portes qu'à huit heures en hiver et à neuf heures en été. L'auteur, qui présentait son idée sous une forme un peu prétentieuse, faisait ainsi ressortir les avantages que présenterait l'adoption de cette mesure : « Toutes les affaires se feroient sans interruption depuis huit heures du matin jusqu'à cinq heures du soir. On ne prendroit qu'une demi-heure dans la journée pour un

---

[1] Voy. E. Despois, *Le théâtre français sous Louis XIV*, p. 144 et suiv.

[2] *Lettre* du 20 septembre 1714, t. I, p. 146.

[3] *Moyen d'augmenter le bonheur d'une partie de la nation sans nuire à personne.*

déjeuner un peu plus solide vers les dix à onze heures. » Les femmes « auroient ainsi plus de temps pour régler l'intérieur de leur maison, pour veiller à l'éducation de leurs enfants. » Les personnes à qui l'on offre à dîner « prétextent aujourd'hui leurs affaires pour s'en aller immédiatement après le repas ; elles seroient obligées de rester à jouer ou à causer ; elles accompagneroient les dames aux spectacles ou aux promenades, puisque toutes les affaires seroient finies à cinq heures, et une maîtresse de maison n'auroit plus le désagrément de se voir presque abandonnée, et de n'avoir souvent pas assez d'hommes pour faire sa partie. » Dîner à cinq heures procurerait aux familles une réelle économie, ce repas ainsi retardé permettant de supprimer le souper. Enfin, on ne serait plus forcé de travailler après dîner, habitude dangereuse et formellement condamnée par l'hygiène [1].

[1] « Il faut convenir que les gens occupés travaillent aujourd'hui beaucoup plus qu'autrefois. Les idées sont plus étendues ; l'ambition, la vanité, toutes les passions qui donnent de l'activité à l'esprit ont plus de fermentation ; les occupations du Palais sont peut-être aujourd'hui décuples de ce qu'elles étoient il y a cent ans : la chicane s'est étendue avec les progrès du commerce, de l'industrie et du luxe.

La proposition de Panckoucke fut trouvée très raisonnable [1]. Mais on se borna à l'approuver, et cinq ans après, Sobry souhaitait encore que le principal repas eût lieu « vers la fin du jour, de manière à consacrer une plus longue matinée au travail [2]. » Cet avis fut écouté, car nous apprenons par Mercier, qu'en 1788, on ne dînait plus qu'à trois heures et demie, et le souper était reculé jusqu'à onze heures et demie [3]. Mercier, d'ailleurs, n'est pas satisfait encore. Il demande qu'on reporte l'heure du dîner à six heures et celle des théâtres à neuf [4]. Le dix-neuvième siècle allait exaucer ses vœux.

C'est un malheur sans doute, mais c'est un malheur inévitable. La bonne chère n'a jamais été plus grande et plus délicate. On mange par cette raison beaucoup plus qu'autrefois, la tête travaille davantage et on fait moins d'exercice. Il s'ensuit donc que le dîner à deux et trois heures est fort dangereux, et que s'il étoit établi à cinq heures et que tous les travaux cessassent à cette même heure, on s'en porteroit mieux. On se plaint que la nation perd sa gaieté, le luxe en est en partie la cause. L'ardeur du gain, qui marche à sa suite, rend triste. Une loi barbare aux Maldives mettoit au nombre des crimes d'État de paroitre triste. Sans imiter cette tyrannie, le changement indiqué rendroit la gaieté à la portée de la nation qui l'a perdue... »

[1] Voy. *Mémoires secrets* dits de Bachaumont, t. XVIII, p. 89.

[2] J.-F. Sobry, *Le mode françois*, p. 424.

[3] Suite au *Tableau de Paris*, t. XII, p. 209.

[4] « La société ne sera bien perfectionnée à Paris que

Dès 1800, une révolution complète a eu
lieu dans l'heure des repas. Suivant que l'on
s'est plus ou moins affranchi des anciennes
coutumes, on dîne à cinq ou à six heures[1].
Mais un repas jusque-là fort négligé a pris une
grande « importance, » c'est le déjeuner, et
il est servi vers midi. En revanche, le souper a
disparu : « Les trois quarts de Paris, dit
Pujoulx, ne soupent plus, et la moitié de ces
trois quarts a pris cette habitude par économie[2]. » N'est-ce pas tout simplement parce
que le deuxième repas se prend plus tard ? En

lorsque l'heure des repas sera à six heures du soir et celle
des spectacles à neuf. C'est alors qu'on pourra se livrer à des
occupations suivies, et marier le travail et le plaisir. » Suite
au *Tableau de Paris*, t. XII, p. 210.

[1] L. Prudhomme écrivait en 1807 : « Aujourd'hui, les
fonctionnaires publics, les banquiers, les négocians, etc.,
dînent à quatre, cinq, six ou sept heures. Il n'y a plus que
la classe des ouvriers, des anciens rentiers et quelques marchands qui dînent à deux heures. Il se fait plus d'affaires à
Paris depuis midi jusqu'à quatre heures qu'autrefois dans
toute la journée ; chacun active ses opérations afin d'avoir
son après-dînée libre... Les commis sont maussades à trois
heures ; à quatre heures moins un quart ils sont inaborda-
bles ; vingt fois ils tirent leur montre pour ne pas donner
une minute de plus à leurs fonctions et pour satisfaire aux
besoins de leur estomac... Il n'est pas du bon ton de dîner
à quatre heures ; il faut, pour se distinguer de la classe bourgeoise, dîner plutôt à six heures. » *Miroir de l'ancien et du
nouveau Paris*, t. I, p. 236.

[2] *Paris à la fin du XVIIIe siècle* [1801], p. 141

somme, le dix-neuvième siècle est revenu aux heûres du dix-septième. Les noms seuls se sont modifiés : l'antique dîner est devenu le déjeuner, et le souper s'appelle maintenant le dîner.

III

JEÛNES ET ABSTINENCES. — LA FÊTE DES ROIS.

Austérités imposées par l'Église aux fidèles. — Ce qu'était
le jeûne. — Saint Louis. — Dispenses accordées à
Charles V, à Anne de Bretagne et à Charles VII. —
Clément Marot. — Tolérance de l'Église. — La Réforme.
— Arrêts rendus au seizième siècle. — La foi se perd. —
La dévotion de Louis XIV. — Visites domiciliaires. —
On cherche à adoucir les rigueurs du carême. — Histoire
des macreuses. — Doctrine d'Hecquet sur la digestion des
aliments. — Éloge du maigre. — Comment s'obtenaient
les dispenses. — L'Église les prodigue. — L'Hôtel-Dieu
peut seul vendre des aliments gras pendant le carême. —
Il renonce à son privilège. — La liberté.
Origine de la fête des Rois. — Comment elle se célébrait. —
L'Église y condamne les réminiscences du paganisme. —
On brave la Sorbonne. — La fête des Rois sous Louis XIV.
— Le *Mercure galant* et Sébastien Mercier.

Nous avons vu plus haut que dans les grandes
maisons, on employait durant le carême des
couteaux spéciaux et une vaisselle d'argent
niellé, dont l'extrême richesse se dissimulait
sous un aspect sévère. C'était peut-être déployer
beaucoup de luxe en un temps qui ne doit
éveiller chez le chrétien que des idées doulou-

reuses, mais je ne sache pas que cette coutume ait jamais été l'objet d'aucun blâme. Il faudrait, au reste, avoir le cœur bien dur pour reprocher aux Parisiens d'avoir cherché dans la vue d'objets d'art, chargés d'ailleurs de teintes sombres, une légère compensation aux austérités que l'Église imposait jadis à tout fidèle.

Un homme qui voulait jouir de l'estime générale et s'assurer une place dans le ciel, devait jeûner :

1° Trois jours par semaine, le mercredi, le vendredi et le samedi.

2° Les vigiles ou veilles de grandes fêtes.

3° Trois jours à chacune des époques dites *Quatre-Temps*, qui se présentaient au début de chaque saison, en mars, en juin, en septembre et en décembre. Ces trois jours de jeûne étant le mercredi, le vendredi et le samedi, un catholique fervent n'avait pas à s'en préoccuper.

4° Pendant tout le carême, sauf le dimanche. Les quarante-six jours d'abstinence se trouvaient ainsi réduits à quarante ; mais les gens qui ne lésinaient pas avec Dieu, pouvaient y suppléer en commençant à jeûner avant le mardi gras.

Le jeûne consistait essentiellement à ne

manger qu'une fois en vingt-quatre heures, le soir après vêpres. Autant que possible, on devait se contenter de pain et d'eau. On tolérait au besoin quelques légumes ; mais il fallait exclure de ce repas sommaire le vin, la chair et tout ce qui provenait des animaux. Il était recommandé, en outre, de joindre au jeûne l'aumône et la prière ; de donner aux pauvres le prix du repas dont on se privait ; de porter des vêtements de couleur foncée ; de renoncer à tout divertissement, le jeu et la chasse entre autres ; d'observer une continence absolue, même entre époux ; enfin, d'imposer la stricte observance de ces pratiques à toutes les personnes sur lesquelles on avait autorité [1].

Le jeûne était obligatoire dès l'âge nubile, fixé à douze ans pour les filles et à quatorze ans pour les garçons.

L'Église se relâcha peu à peu de cette sévérité. De bonne heure, elle n'exigea plus que l'on jeunât avant l'âge de vingt et un ans. Le repas du soir fut reporté à midi, et il fut permis de faire après vêpres une légère collation.

Saint Louis, modèle de toutes les vertus, observait avec rigueur les prescriptions de

[1] Voy. Thomassin, *Traité des jeûnes*, p. 469 et suiv.

l'Église relatives aux jeûnes. Geoffroi de Beaulieu, son confesseur, et Guillaume de Chartres, son chapelain, nous apprennent que :

Il s'abstenait de viande le mercredi, le vendredi, et souvent le lundi [1].

Il jeûnait au pain et à l'eau la veille des quatre grandes fêtes de la Vierge, le vendredi saint et les autres jours de jeûne solennel [2].

Il jeûnait durant les quarante jours de l'Avent.

Enfin, souffrant déjà de la maladie dont il mourut, il refusa, un vendredi, de prendre un bouillon de poulet, *jus gallinæ*, parce que son confesseur étant absent ne pouvait lui en donner l'autorisation [3].

Ses successeurs, même les plus pieux, se montrèrent moins scrupuleux.

Une bulle de Grégoire XI permit à Charles V et à Jeanne, sa femme, de manger en carême du lait, du beurre, du fromage et des œufs. Et ce qui montre quel scrupule éveillait alors l'observation du jeûne, la même bulle accorde

---

[1] *Le confesseur de la reine Marguerite* y ajoute le samedi. *Recueil des historiens*, t. XX, p. 107.

[2] Gaufredus de Bello Loco, *Sancti Ludovici vita, conversatio et miracula*, dans le *Recueil des historiens*, t. XX, p. 10.

[3] Guillelmus Carnotensis, *De vita et miraculis sancti Ludovici*, dans le *Recueil des historiens*, t. XX, p. 35.

aux cuisiniers du monarque le droit de goûter les aliments préparés avec ces substances, et à ses officiers servants d'en faire l'essai [1].

La condescendance de Grégoire XI s'explique par ce fait, que Charles V croyait avoir été empoisonné par le roi de Navarre, et puis enfin qu'il était roi. Mais de si précieuses faveurs ne s'étendaient pas jusqu'aux simples particuliers. Dans un livre qu'il écrivit pour l'instruction de ses filles, le chevalier de La Tour Landry, contemporain de Charles V, leur recommande de jeûner trois jours par semaine durant toute l'année, et, si possible, au pain et à l'eau : « Se, leur dit-il, vous ne pouvez jeuner les trois jours, au moins jeunez au vendredi en l'onneur du precieux sanc et de la passion de Jhesucrist. Et se vous ne le jeunez en pain et en yeaue, au moins n'y mengiez point de chose qui preigne mort. Est moult bonne chose et moult noble de jeuner le vendredy ou le samedy en pain et en yeaue, qui est grant victoire contre la chair et chose moult sainte [2]. »

---

[1] Voy. du Tillet, *Recueil des roys de France,* édit. de 1607, p. 451.

[2] *Le livre du chevalier de La Tour Landry pour l'enseignement de ses filles,* édit. elzévir., p. 15

La même loi s'imposait aux belles filles du chevalier de la Tour Landry et aux hommes de guerre. Le chroniqueur qui a écrit la vie du maréchal de Boucicaut nous apprend que ce vaillant guerrier avait le vendredi en grande révérence : « Il n'y mange chose qui prenne mort, ne vest [1] couleur fors noire en l'honneur de la Passion de nostre Seigneur. Le samedy, il jeusne de droicte coustume, et tous les jeusnes commandez de l'Église, et pour rien nul n'en briseroit [2]. »

Jean d'Orléans, comte d'Angoulème, aïeul de François Ier, se montrait plus soumis encore aux exigences de l'Église, et sous ce rapport la pureté de sa vie fut égale à celle de saint Louis.

Il observoit inviolablement les jeusnes des caresmes, des Quatre-Temps et vigiles de festes, et se gardoit bien de laisser passer un de ces jours sans jeusner : il disoit quelquefois qu'il se souvenoit d'avoir jeusné par quarante quarantaines. Jeusnoit, oultre cela, durant trois jours de la sepmaine (j'entends qu'il ne mangeoit qu'une fois le jour), sçavoir est le mercredi, le vendredi et le sabmedi. Le vendredi, il ne mangeoit chose qui eust eu vie, pour

---

[1] Ne revêt.

[2] *Le livre des faicts du maréchal de Boucicaut*, édit. Michaud, t. II, p. 319.

l'honneur de la Passion de Nostre Seigneur ; le mercredi ne mangeoit de chair, sinon quelquefois, pour raison de son infirmité et débilité d'estomach depuis qu'il eust esté griefvement malade à Thouars. Prenoit garde sur toutes choses de n'en manger la vigile de la feste de Nostre-Dame au mois de febvrier, quelque maladie qu'il eust[1].

L'histoire a noté que pendant le carême de 1430, les Parisiens osèrent manger du beurre.

Il est vrai que la famine désolait Paris[2]. Et puis enfin, l'Église se montrait bonne mère. Suivant la condition et l'usage des lieux, il était avec elle des accommodements. Anne de Bretagne, qui avait épousé Charles VIII, prétendit que son duché produisant un beurre excellent, on n'y apprêtait rien à l'huile, et qu'elle ne pouvait s'habituer au régime qu'on voulait lui imposer. Elle obtint ainsi, en 1491, l'autorisation de consommer pendant le carême des œufs, du beurre et toute sorte de laitage. Il fallut donc faire deux cuisines, l'une pour la reine et l'autre pour le roi. Mais les époux mangeant ensemble, la sensualité de ce der-

[1] *La vie de Jean d'Orléans, etc.*, par Jean du Port, sieur des Rosiers, édit. E. Castaigne, p. 67.
[2] *Journal d'un bourgeois de Paris sous Charles VI*, édit. Tuetey, p. 250.

nier était soumise à de telles épreuves que sa
santé ne tarda pas à s'altérer. Une si pénible
situation émut le souverain pontife, qui finit
par accorder à ce nouveau Tantale la même
faveur qu'à sa femme, en y ajoutant toutefois l'obligation de dire chaque jour trois fois
l'oraison dominicale [1].

C'était s'en tirer à bon compte, et je soup-
çonne que, dans l'espoir d'une pareille tran-
saction, les Bretonnes se virent dès lors fort
recherchées. L'Église, d'ailleurs, se faisait de
plus en plus tolérante. En ce qui concerne le
lait et le beurre, les dispenses s'obtenaient
facilement au seizième siècle, et le bras sécu-
lier ne sévissait guère que contre les véritables
crimes de lèse-majesté divine, contre l'usage
de la viande, par exemple. Clément Marot,
accusé de cette abomination, a raconté, dans
une jolie ballade, de quelle manière il fut
arrêté chez lui par ordre du lieutenant cri-
minel, et emprisonné comme luthérien :

Lors six pendars ne faillent mye
A me surprendre finement;
Et de jour pour plus d'infamie
Firent mon emprisonnement.

[1] Sauval, *Antiquités de Paris*, t. II, p. 616, et t. III,
p. 218.

Ils vindrent à mon logement ;
Lors ce va dire un gros paillard :
Par la morbleu, voylà Clément,
Prenez le, il a mangé le lard[1].

On n'était pas toujours pendu pour cela.
Vers le même temps, une femme convaincue
d'avoir mangé en carême du chevreau et du
jambon, fut « condempnée à se pourmener
par la ville avec un cartier d'agneau sur l'espaule et un jambon pendu au col[2]. »

Durant le carême de 1563, les troupes employées au siège d'Orléans avaient bien de la
peine à vivre. M. de Cypierre, qui les commandait demanda au légat du pape, Hippo-
lyte d'Este, cardinal de Ferrare, de les auto-
riser à user d'aliments gras. Le légat s'en
défendit d'abord, disant avec raison que
l'occasion était mal choisie, « puisque précisément on faisoit la guerre contre les héré-
tiques, ennemys du caresme. » On insista, et
il permit le lait, le beurre et le fromage,
ajoutant « que de chair il n'en falloit point
parler, comme de chose abominable. » M. de
Cypierre lui répondit : « Monsieur, ne pensez
pas régler nos gens de guerre comme vos gens

[1] *OEuvres*, édit. de 1731, t. II, p. **243**.
[2] Brantôme, *OEuvres*, édit. Lalanne, t. IX, p. **583**.

d'Église. Nos soldats veulent manger de la chair et de bonne viande pour se mieux substanter. Ilz en mangeront aussy bien deçà comme delà. Parquoy, faictes mieux ; ordonnez leur d'en manger, et donnez leur en une bonne dispence et absolution. » Le cardinal réfléchit, puis céda [1]. C'était peut-être aller un peu loin, et je ne voudrais pas jurer que les sacripants de M. de Cypierre n'aient regardé cette autorisation comme valable pour le restant de leurs jours.

Si j'ose risquer cette hypothèse, c'est qu'il s'agit ici de soudards qui avaient pour principale préoccupation le pillage et la débauche. L'Église, en effet, n'a jamais varié sur ce point : « Toute personne qui n'est pas dans l'impuissance morale de jeûner, est obligée au jeûne sous peine de péché mortel [2]. » Cette effrayante doctrine s'adoucissait beaucoup dans la pratique. En 1564, un docteur de Paris, devenu plus tard curé de Saint-Eustache, déclarait « que prendre quelque chose à ceux qui se sentent foibles, soit devant ou après disner, pour soy soustenir, n'est répréhensible

[1] Brantôme, t. I, p. 171.
[2] Richard (dominicain), *Dictionnaire des sciences ecclésiastiques,* t. III, p. 373.

ne contre l'intention de l'Église : laquelle n'est une dure et maupiteuse marastre, ains une amiable, doulce et facile mère [1]. »

René Benoît disait vrai. A ce point que, dès la fin du seizième siècle, le lait et le beurre étaient tolérés pendant le carême dans tout le diocèse de Paris. Pour jouir de ce bienfait avec une quiétude complète d'esprit, les pauvres devaient réciter chaque jour trois *Pater* et trois *Ave,* les riches faire des aumônes proportionnées à leur fortune. Chose curieuse, le roi et le parlement, plus orthodoxes que l'évêque de Paris, hésitèrent à sanctionner cette concession. Mais l'Église tint bon et l'emporta. Il faut dire que les aumônes prescrites étaient consacrées à l'entretien du culte : au dix-huitième siècle encore, on trouvait dans toutes les paroisses un tronc spécial, appelé *tronc pour le beurre* [2].

On sait que la Réforme se prononça contre les abstinences et les jeûnes. En dépit des persécutions dont ils furent l'objet, les huguenots ne cessèrent de mettre le trouble dans l'Église et de chagriner ses pasteurs. Comme le fait sagement observer M. Jacques Peuchet, très

[1] René Benoit, *Traicté du sainct jeusne de caresme,* p. 17.
[2] Voy. Sauval, *Antiquités,* t. II, p. 617.

orthodoxe auteur d'un *Traité de la police*[1], « on ne voit guère en France d'ordonnance sur l'observation du carême que depuis la réforme prêchée par Calvin. Cet apôtre d'une doctrine qu'il vouloit établir aux dépens de l'Église romaine, tourna en ridicule l'usage du carême, et prétendit qu'on n'étoit point plus coupable en mangeant une poule qu'un brochet. Cette idée ayant fait fortune parmi les gourmands, qu'elle intéresse spécialement, on crut devoir empêcher qu'ils n'en profitassent[2]. » De là, une série d'ordonnances et d'arrêts, qui nous prouvent à quel point la foi s'était affaiblie dans les âmes.

20 *janvier* 1563. — Charles IX défend aux bouchers, rôtisseurs, poulaillers, revendeurs, etc.; d'exposer en vente aucune chair durant le carême, sous peine d'une amende de cinquante livres pour la première contravention, et de cent livres pour la seconde. Lesdites amendes applicables par moitié au roi et au dénonciateur[3].

14 *juin* 1563. — Il est enjoint aux huguenots de vivre « le plus doucement et gratieu-

---

[1] Dans l'*Encyclopédie méthodique.*
[2] Tome I, p. 479.
[3] Fontanon, *Édicts et ordonnances,* t. I, p. 942.

sement que faire se pourra, sans donner occasion de trouble ny scandale[1]. »

14 *décembre* 1563. — Défense aux bouchers de tenir leurs boutiques ouvertes pendant le carême[2].

3 *février* 1565. — Défense de vendre aucune chair pendant le carême, si ce n'est aux hôpitaux pour les malades. Les contrevenants payeront une amende de cent écus d'or « s'ils ont de quoy, sinon seront fouettez par les carrefours[3]. »

2 *mars* 1575. — Défense à toute personne de vendre ou donner à manger aucune chair pendant le carême. Les malades munis d'une dispense iront acheter leur viande à la boucherie qui sera établie au parvis Notre-Dame par les administrateurs de l'Hôtel-Dieu. Les préposés inscriront sur un registre les noms et demeure des acheteurs, ainsi que la qualité et la quantité de la viande qui leur aura été livrée[4].

5 *février* 1595. — Confirmation de l'arrêt précédent.

---

[1] Guénois, *Conférence des ordonnances*, t. I, p. 9.
[2] Guénois, t. I, p. 9.
[3] Guénois, t. I, p. 9.
[4] Delamarre, *Traité de la police*, t. I, p. 356.

Ces prohibitions ne concernaient que Paris. Aussi, « les libertins et les débauchez » s'en allaient-ils par bandes à Charenton, où il y avait un prêche de huguenots, et s'y faisaient servir de la viande. Une ordonnance de police du 1er mars 1659 réprima ce scandale [1].

Brantôme raconte que le pape ayant promis à son père François de Bourdeille de lui donner ce qu'il voudrait, « celuy-ci ne luy demanda autre chose si non une licence de manger en caresme du beurre, d'autant qu'il ne pouvoit manger l'huile d'olive ny de noix [2]. » François-Pierre de Lavarenne, qui dota le premier, en 1651, notre littérature d'un livre de cuisine vraiment sérieux, eut soin de le diviser en trois parties : mets pour les jours gras, mets pour les jours gras hors le temps de carême, mets pour le temps de carême [3]. Il faut lire les mémoires du temps pour se faire une idée de la gêne que le carême apportait dans les relations sociales, de l'importance qu'on y attachait, et des souffrances que paraissent avoir endurées durant ces quarante jours d'abstinence d'infortunés gour-

[1] Delamarre, t. I, p. 357.
[2] Tome X, p. 43.
[3] Voy. dans cette collection La cuisine, p. 130 et suiv.

mands qui n'étaient plus soutenus par la foi.
Faute de mieux, ils appelaient à leur aide
l'illusion, ils allaient jusqu'à « desguiser des
poissons en viande de chair, » ce qui veut dire
qu'on donnait aux habitants des eaux la forme
de perdrix, de lièvres, de poulardes, etc.[1]
Pendant la semaine sainte, temps où un catholique fervent devait s'abstenir même de poisson, les cuisiniers habiles « imitoient avec
des légumes tous les poissons que l'océan
fournit[2]. »

La plainte du caresme, publiée en 1644,
condamne avec raison ces subterfuges indignes
d'un vrai chrétien : « Celuy là seul, dit-elle,
me garde parfaitement qui est aussi gay dans
le jeusne comme dans les festins, qui est aussi
content d'estre vuide que plein, estimant que
le royaume de Dieu n'est ny viande ny poisson, et que pour commencer à vivre en terre
comme les anges, il ne faut quasi point manger
ou fort peu [3]. »

Au risque de ne pas ressembler à des anges,
les Parisiens préféraient en général être pleins
que vuides. Aussi, quand le blé était cher, ou

---

[1] Lestoile, *Journal de Henri IV*, 5 mars 1597.
[2] Mercier, *Tableau de Paris*, chap. 383, t. V, p. 81.
[3] Page 11.

quand les gros temps diminuant l'arrivage
du poisson on redoutait un soulèvement de la
population, l'évêque avec solennité autorisait
l'usage des œufs, et le parlement rendait un
arrêt qui en permettait la vente[1]. Mais le
peuple n'y mettait pas tant de façons. Ce qui
était permis pour une fois semblait l'être pour
toujours, et à partir de la fin du dix-septième
siècle, il fallut souvent réitérer l'ordonnance
visant le commerce des œufs pendant le
carême[2].

Les statuts des marchands de vin interdisaient aux hôteliers et aux cabaretiers de
« donner à manger aucune viande durant le
saint tems de carême et autres jours de l'année
défendus par notre sainte mère Église[3]. »
Mais, à vrai dire, il n'était jamais bien difficile de s'en procurer. Beaucoup d'ecclésiastiques, le confesseur du roi entre autres[4],
avaient le droit d'accorder des dispenses; et
puis, au besoin, on s'en passait, même chez
les moines. Gui Patin raconte qu'en 1658,

[1] Voy. Delamarre, t. I, p. 360.
[2]   Ibid.,   t. I, p. 359.
[3] Statuts de 1647, art. 22. — L'art. 23 leur défend « de
donner à boire et à manger les jours de dimanches et fêtes
solennelles durant le service divin. »
[4] Pellison, Lettres historiques, 21 mai 1672, t. I, p. 81.

des exempts étant entrés dans le couvent des
Carmes, surprirent douze religieux « qui faisoient grande chère en dépit du carême. On
a trouvé dans une de leurs chambres, écrit-il,
vingt-deux bonnes perdrix, des pâtés, des
jambons et force bouteilles de vin. Voilà comment ces maîtres moines jeûnent le carême,
tandis que les gens de bien mangent du riz et
des pruneaux[1]. » Les douze Carmes furent
emmenés au Fort-l'Évêque.

L'année suivante, un sieur Gardy se voit
condamné à être attaché au carcan devant le
Grand-Châtelet, « avec une fressure de veau
pendue au cou, » pour avoir vendu de la
viande pendant le carême[2].

Le 3 mars 1700, en plein carême, le com-
missaire du quartier Saint-Martin fut prévenu
que six jeunes gens faisaient bombance chez
un cabaretier de la rue aux Ours nommé
Vitry. Il s'y rendit aussitôt, et trouva nos six
vauriens « qui mangeoient de la viande et
en avoient sur leurs assiettes. » Vitry, fort
penaud, se défendit de son mieux. La chambre
où banquetaient les jeunes gens était située
au deuxième étage et n'avait pas vue sur la

---

[1] *Lettre* du 9 avril 1658, t. III, p. 83.
[2] *Inventaire des archives de l'Hôtel-Dieu*, t. I, p. 380.

rue. Il s'était refusé à leur fournir de la viande :
ces mauvais garçons l'avaient apportée, et
fait cuire non dans la cuisine, mais dans la
chambre. Enfin, il n'avait osé renvoyer ces
clients compromettants, parce qu'il les savait
« personnes de considération. » Au cours de
l'enquête, les six mangeurs de viande s'es-
quivèrent, et la police ne jugea pas à propos de les poursuivre. Le cabaretier paya
pour eux. Il fut condamné à verser deux cents
livres d'amende au roi, et à faire cent livres
d'aumône à l'hôpital général; en outre, la
sentence fut affichée sur la porte de sa boutique [1].

S'il maudit ses juges, il eut tort, car les
temps n'étaient pas à la mansuétude en matière de religion. Louis XIV vieilli, ennuyé
et malade, pleurait ses péchés de jeunesse.
Sous l'œil sévère de madame de Maintenon,
la cour apparaissait toute confite en dévotion ;
et Harpagon pouvait se flatter d'être dans le
mouvement, s'il est vrai qu'il fit imprimer
des almanachs particuliers où il doublait les
Quatre-Temps et les vigiles, afin de profiter des
jeûnes auxquels il obligeait tout son monde [2].

[1] Delamarre, t. I, p. 359.
[2] Molière, *L'avare*, acte III, sc. 5.

Madame de Montespan réjouissait le roi par la naissance de huit enfants doublement adultérins, à l'époque où elle « faisoit si austèrement les carêmes, qu'elle faisoit peser son pain[1]. » Louis XIV, sur ce chapitre, n'était guère moins scrupuleux : « Il ne manquoit aucun jour de faire maigre, dit Saint-Simon, à moins de vraie et très rare incommodité. Quelques jours avant le carême, il tenoit un discours public à son lever, par lequel il témoignoit qu'il trouveroit fort mauvais qu'on donnât à manger gras à personne sous quelque prétexte que ce fût. Il ne vouloit pas non plus que ceux qui mangeoient gras mangeassent ensemble, ni autre chose que bouilli et rôti fort court, et personne n'osoit outrepasser ses défenses. Elles s'étendoient à Paris, où le lieutenant de police y veilloit et lui en rendoit compte. » Sur la fin de sa vie, « il ne faisoit plus de carême : d'abord quatre jours maigres, puis trois, et les quatre derniers jours de la Semaine Sainte ; mais lorsqu'il faisoit gras, son couvert étoit fort diminué[2], » et, « par scrupule, » il s'abstenait de manger en pu-

---

[1] Madame de Caylus, *Souvenirs*, édit. de 1804, p. 66.
[2] *Mémoires*, t. XII, p. 183.

blic[1]. Donc, s'il ne jeûnait plus, il forçait du moins les autres à jeûner. Le pieux monarque qui avait espéré racheter ses fautes en révoquant l'édit de Nantes, prétendait aussi faire jeûner ses sujets pour le salut de sa vieille âme. Le 28 janvier 1671, il ordonne à François Desgrez, exempt du guet, d'opérer des perquisitions dans toutes les maisons de Paris :

Se transporter, depuis le premier jour du caresme prochain jusqu'à la veille de Pasques, dans tous les hostels des princes, des ambassadeurs et des seigneurs de la Cour, de quelque qualité et condition qu'ils soient, et dans les hôtelleries, auberges, cabarets et maisons des particuliers, tant de la ville de Paris que des fauxbourgs d'icelle, et encore aux bourgs de Charenton, Charentonneau, la Pissotte[2], ville de Saint-Denis, bourg de Saint-Cloud, et autres lieux circonvoisins, pour faire partout une exacte perquisition et recherche des viandes de boucherie, volailles et gibiers... comme aussy de toutes celles qui seront trouvées sur les chevaux,

[1] Abbé de Choisy, *Mémoires,* édit. Michaud, t. XXX, p. 599.

[2] D'abord écart de la paroisse de Vincennes, la Pissotte fut érigée en succursale le 4 janvier 1547, et devint plus tard une paroisse particulière, à la collation de l'archevêque de Paris. Le nom de pissotte, qui a parfois désigné une fontaine, vient, dit l'abbé Lebeuf, du bas-latin *pista,* qui signifiait échoppe, chaumière, etc. Mais ce sens n'est point indiqué par Du Cange.

charrettes, harnois, coches et bateaux. Et faire
transporter le tout à l'Hostel-Dieu de Paris, pour
estre ces viandes délivrées aux administrateurs[1], et
par eux employées à la nourriture des pauvres
malades[2].

Cinq boucheries sont autorisées à débiter
de la viande pendant le carême. Mais, dès que
celui-ci commence, leurs propriétaires doivent les abandonner et les remettre entre les
mains des administrateurs de l'Hôtel-Dieu[3],
qui, on peut le croire, ne délivreront de la
chair qu'à bon escient. Et si quelques pervers
cherchent à s'en procurer ailleurs, qu'ils prennent garde à eux. Un si grave intérêt est en
jeu, que l'on ne saurait trop multiplier les pré-
cautions pour sauver les incrédules, même
malgré eux. Le 9 janvier 1704, on renouvelle
l'ordonnance du 28 janvier 1671, et l'exempt
Pierre Savery est chargé des perquisitions[4].

---

[1] L'Hôtel-Dieu était alors administré par dix-huit bourgeois, auxquels s'adjoignaient l'archevêque de Paris, le premier président du parlement, le premier président de la
chambre des comptes, le premier président de la cour des
aides et le procureur général. Voy. *Le livre commode*, t. I,
p. 112.

[2] Ordonnance publiée dans les *Lettres, instructions et
mémoires de Colbert*, t. VI, p. 436.

[3] Delamarre, t. I, p. 357.

[4] *Ibid.*, t. I, p. 358.

Donc, même à la cour, tout le monde doit obéir à moins de dispense spéciale. La princesse Palatine en a une, et pourtant elle proteste encore : « Je n'ai pu, écrit-elle, faire la bonne œuvre d'observer le jeûne. Je ne puis supporter le poisson, et je suis bien persuadée que l'on peut faire de meilleures œuvres que de gâter son estomac en mangeant trop de poisson[1]. »

Sombres jours ! Car on a beau vénérer le successeur de saint Pierre, chérir l'Église et être soumis à son curé, il paraît qu'il est fort dur de passer plus d'un mois sans voir de viande. Je sais bien qu'on ne servait jamais de poisson sur aucune table pendant les jours gras. Néanmoins, une quinzaine après l'ouverture du carême, on avait en égale horreur les produits de la terre et les habitants des eaux, et chacun s'évertuait à chercher le moyen de concilier les exigences de sa religion avec celles de son estomac.

D'abord, on déclara nourriture maigre les amphibies, loutres, grenouilles, tortues, etc. ; puis, sous les noms de pilets, blairies, bernacles, bernaches, benettes, bernettes, nouvet-

---

[1] *Lettre* du 30 mars 1704, t. I, p. 73.

tes, crabants, nonnettes, macroule, etc., etc. [1], une foule d'oiseaux de rivière et d'oiseaux de mer appartenant à la famille de l'oie et du canard, et dont la macreuse[2] est restée le type le plus célèbre.

De novembre en mars, les vents du nord et du nord-ouest en amènent sur les côtes de Picardie des quantités prodigieuses. Mais tout le monde convient que « la chair noire, sèche et dure » de cette bête a un goût détestable, et qu' « elle est plutôt un aliment de mortification qu'un bon mets[3]. » Pour rechercher un pareil régal au risque de se damner il fallait décidément avoir bien souffert. Nicolas de Bonnefons, valet de chambre du roi, qui publia, vers 1655, un curieux livre de cuisine, s'exprime ainsi au sujet de la macreuse : « C'est un oyseau-poisson qui ne diffère en rien du canard, excepté quelque peu sur le haut du bec, à l'endroit du nez. Il est mis au rang des poissons, à cause qu'il a le sang froid, qui est la seule cause qui nous fait faire la distinction des alimens pour les jours gras

---

[1] Voy. Graindorge, *De l'origine des macreuses,* édit. de 1780, p. 69.

[2] *Anas nigra.*

[3] Buffon, *OEuvres,* édit. de 1828, t. XXVIII, p. 287 et 288.

ou les maigres[1]. » A l'égard du sang froid, il paraît qu'il en remontrait même aux poissons ; et madame de Pompadour, désolée d'une froideur naturelle qui mécontentait Louis XV, se comparait avec désespoir à une macreuse[2].

Afin de bien établir à quel point la macreuse était une nourriture maigre, on lui avait attribué les origines les plus fantaisistes.

Elle prenait naissance, disait-on, dans un coquillage, le *concha anatifera*[3].

Elle était engendrée par des bois pourris flottant sur la mer[4], débris de navires auxquels elle restait attachée par le bec jusqu'au moment où, complètement formée, elle s'envolait. Ceci, les savants et les historiens les plus sérieux ne le mettent point en doute, et proclament qu'ils ont constaté le fait de leurs propres yeux. Hector Bœis[5] déclare que l'origine de cet animal a enfanté les contes les

[1] *Les délices de la campagne*, p. 362.

[2] *Mémoires sur madame de Pompadour*, par madame du Hausset (sa femme de chambre), édit de 1824, p. 93.

[3] Ph. Hecquet, *Traité des dispenses du carême*, édit. de 1710, t. I, p. 282.

[4] « Ce qui n'est pas impossible, puisque plusieurs poissons et volatiles se peuvent engendrer de la sorte. » Isaac Cattier (médecin ordinaire du roi et professeur à Montpellier), *Discours de la macreuse*, 1650, in-8°, p. 9.

[5] H Boethius.

plus absurdes. Je me bornerai, ajoute-t-il, à exposer le résultat de mes recherches personnelles. Ce résultat, le voici : « Si vous jetez dans la mer un morceau de bois, vous y verrez bientôt apparaître des vers ; peu à peu ces vers montrent une tête, des pieds, des ailes, des plumes ; ils acquièrent enfin la taille d'une oie, et alors se mettent à voler [1]. » Jean de Renou [2], célèbre docteur de Paris, a assisté aussi à cette remarquable transformation : « Quant à moy, j'ay veu une grosse et longue pièce de bois qui avoit longtemps demeuré au fond de la mer, et qui depuis fut poussée à bord par la tourmente, en laquelle paroissoit plusieurs petites figures, comme vrais embrions, représentans des oiseaux si bien formez que vous eussiez dit qu'ils estoient enfermez dans la matrice de leur mère ; et y en avoit aucuns si bien façonnez qu'il ne leur manquoit que de sortir et de s'envoler [3]. »

Du Bartas n'a pas oublié cette merveille :

> Ainsi le vieil fragment d'une barque se change
> En des canars volans, ô changement estrange !

---

[1] *Scotiæ descriptio*, édit. de 1627, in-32, p. 79.
[2] Joannes Renodæus.
[3] *OEuvres pharmaceutiques*, traduites en français par Louis de Serres, 1637, in-folio, p. 7.

Mesme corps fut jadis arbre verd, puis vaisseau,
N'aguères champignon, et maintenant oiseau[1].

C'était aussi le fruit d'un arbre cultivé dans les Orcades : parvenu à maturité, ce fruit tombait, s'ouvrait et un oiseau s'en échappait[2]. Suivant d'autres, si le fruit tombait à terre, il pourrissait ; mais si le vent l'emportait jusqu'à la mer, la macreuse brisait l'enveloppe et sortait des ondes[3].

Ces hypothèses remontaient, en partie du moins, au treizième siècle, car Vincent de Beauvais nous affirme que les macreuses *nec per coïtum generant, nec generantur*[4]. Le concile de Latran, tenu en 1215, fit la sourde oreille, et les déclara un mets gras. Je n'ai rien trouvé de pareil dans les actes de ce concile[5], mais sa décision est mentionnée par Vincent de Beauvais[6], contemporain du fait.

Quoi qu'il en soit, le concile de Latran était oublié depuis longtemps, et l'on s'était remis à manger des macreuses en toute sûreté

[1] *La sepmaine*, sixiesme jour, édit. de 1611, p. 309.

[2] Graindorge, p. 31 et suiv.

[3] Michel Maier, *De volucri arborea, absque patre et matre*, 1619, in-8°, p. 33.

[4] *Speculum naturale*, édit. de 1624, col. 1181.

[5] Voy. Ph. Labbe, *Sacrosancta concilia*, t. XI, p. 142. — *Concilia*, édit. du Louvre, t. XXVIII, p. 154.

[6] Comme ci-dessus.

LA NAISSANCE DES MACREUSES.

D'après la *Cosmographie* de S. Munster, édition de 1575.

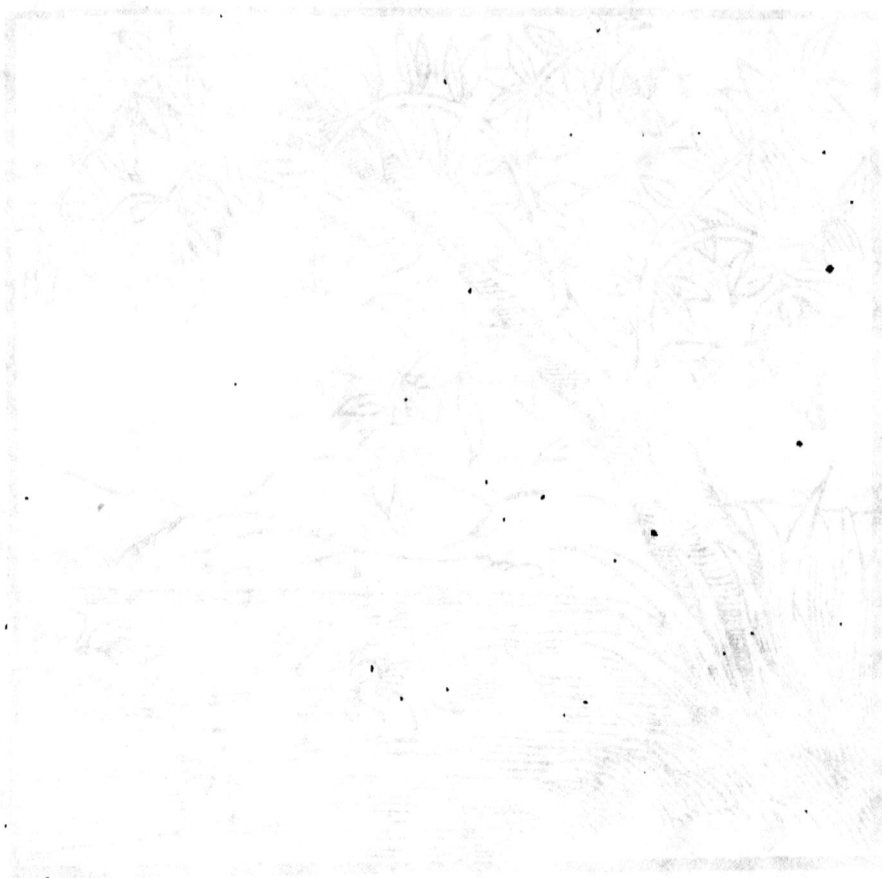

de conscience, quand un navigateur, Jean
Cornelis Risp, commandant une flottille d'ex-
ploration envoyée dans le Nord par le conseil
de ville d'Amsterdam, éclaircit en 1596 le
mystère dont était entourée l'origine de ces
palmipèdes. Dans une île, qu'ils crurent être
le Groenland, les marins de l'expédition
« trouvèrent beaucoup d'oies sauvages qui
s'envolèrent en les voiant. C'étoient de ces
mêmes oies dont on voit venir tous les ans un
si grand nombre en Hollande, sans que jusques alors on eût pu savoir où elles alloient
faire leurs œufs. Jusques-là que quelques-uns
avoient écrit que ces œufs étoient des fruits de
certains arbres d'Écosse plantez sur le bord
de la mer, et que ceux qui tomboient à terre
se cassoient, au lieu que ceux qui tomboient
dans l'eau venoient aussi-tôt à éclore, et que
les petits oisons nageoient dès qu'ils étoient
éclos. Il ne faut pas s'étonner de ce qu'on
ne savoit point encore où étoient les nids de
ces oies, puisqu'il ne paroît pas que jusques
alors personne eût navigué par les 80 degrés,
ni que ce païs-là eût été découvert[1]. »

---

[1] *Recueil des voiages qui ont servi à l'établissement et
aux progrès de la Compagnie des Indes orientales,* édit. de
1725, t. I, p. 63.

Heureusement pour les fidèles chrétiens, les nouvelles ne se répandaient pas alors aussi vite qu'aujourd'hui, et les Français continuèrent à faire leurs délices de la macreuse. Je dis les Français, non les Parisiens, car cet oiseau ne fut connu à Paris que vers le milieu du dix-septième siècle : « Paucis abhinc annis, » écrit Pierre Gontier, en 1668[1]. On l'accueillit, au reste, avec autant de faveur que dans le Nord, et sa consommation prit un développement considérable jusqu'au jour où les révélations faites par Risp commencèrent à s'ébruiter. On s'empressa d'abord de les traiter de fables, et l'on s'efforça plus que jamais d'ajouter foi aux poétiques légendes qui transformaient ce canard en fruit ou en poisson. Il se rencontra pourtant une communauté religieuse dont les membres s'effrayèrent des dangers qu'ils couraient en se nourrissant d'un animal dont l'origine était au moins contestée. Les bons pères, tremblant pour leur salut ou rebutés par la viande coriace de la bête, implorè-rent l'avis de la Faculté de médecine. Une commission de huit docteurs fut nommée, et « après de sérieux examens, » elle dé-

---

[1] *Exercitationes hygiasticæ*, p. 374.

clara le 14 décembre 1708 que les macreuses « ne pouvoient passer pour poissons. » Ceci nous est raconté, en d'autres termes il est vrai, par le docteur Philippe Hecquet, qui faisait partie de la commission [1].

Cet Hecquet, moitié médecin, moitié religieux, dut surtout la réputation dont il jouit à sa grande piété. J'ai peine à croire qu'il ait été une des lumières de la science, et c'est à lui, dit-on, que Lesage fait allusion en parlant du docteur Sangrado qui ne connaissait d'autres remèdes que la saignée et l'eau chaude : mais ces romanciers ne respectent rien. La preuve en est qu'au cours de l'année 1712, Hecquet fut élu doyen de la Faculté de médecine de Paris. A quoi devait-il cet honneur ? Il avait publié en 1709 un ouvrage très compact qui a pour titre *Traité des dispenses du carême*[2]. Ce livre fut réimprimé dès l'année suivante, et son succès ne se serait peut-être pas arrêté là, si le docteur Andry, collègue

[1] *Traité des dispenses du carême*, t. I, p. 300.
[2] *Dans lequel on découvre la fausseté des prétextes qu'on apporte pour les obtenir, en faisant voir par la mécanique du corps les rapports naturels des alimens maigres avec la nature de l'homme; et par l'histoire, par l'analyse et par l'observation leur convenance avec la santé.* — Je cite toujours la seconde édition, publiée en 1710.

9.

d'Hecquet à la Faculté, n'avait cru devoir le réfuter. En 1710 parut *Le régime du caresme*[1], travail curieux, dans lequel Andry relève un grand nombre d'assertions étranges et aussi quelques erreurs physiologiques émises par Hecquet.

Croirait-on qu'en 1710, le doyen de la Faculté de médecine de Paris professait encore que l'estomac de l'homme agissait comme celui des oiseaux, et broyait les aliments? « Là, dit-il, comme dans un muscle creux, les alimens sont pétris et dissous, tant par la force extraordinaire et multipliée d'un million de fibres motrices qui agitent et meuvent ce viscère que par l'action des muscles voisins, surtout ceux du bas-ventre et du diaphragme, qui tous ensemble, comme autant de mains, foulent et broyent les alimens. C'est par cette mécanique et par ces forces

---

[1] *Considéré par rapport à la nature du corps et des alimens. En trois parties, où l'on examine le sentiment de ceux qui prétendent que les alimens maigres sont plus convenables à l'homme que la viande; où l'on traite à ce sujet de la qualité et de l'usage des légumes, des herbages, des racines, des fruits, du poisson, etc. Et où l'on éclaircit plusieurs questions touchant l'abstinence et le jeûne, suivant les principes de la physique et de la médecine, entre autres si l'on doit défendre au caresme l'usage de la macreuse et du tabac.* Paris, 1710, in-12.

redoublées, mais toutes tendantes à la trituration, qu'ils se dissolvent, se fondent, et
passent dans une crême fine et délicate, à
peu près semblable à celle qui se forme sous
le porphyre, s'ils sont de nature à se laisser
briser[1]. » Sur ce point, Hecquet fut d'abord
attaqué par le docteur de Vieussens, qui
donna aux *Mémoires de Trévoux*[2] un intéressant article touchant « la nature et les pro-
priétez du levain de l'estomac. » On y trouve
assez clairement démontré que l'action mécanique de ce viscère ne suffit pas pour amener
la digestion des aliments, et qu'il faut y
ajouter l'action « d'un levain qui lui est particulier. » Hecquet répondit aussitôt par une
brochure dont le titre indique les conclu-
sions : *De la digestion des alimens, pour mon-
trer qu'elle ne se fait pas par le moyen d'un
levain, mais par celui de la trituration et du
broyement*[3].

Bien entendu, Andry combat également
cette doctrine. Suivant lui, les aliments sont
attaqués par « la nature particulière des
levains de l'estomac, » et il se donne beau-

[1] Tome I, p. 26.
[2] Numéro de janvier 1710.
[3] 1710, in-12.

coup de peine pour expliquer comment « il est possible que les membranes de l'estomac ne soient pas endommagées par ces levains [1]. » On voit que tout cela n'est pas encore bien clair dans l'esprit de ce savant docteur, qui professait à la fois à la Faculté de médecine et au Collège de France.

Hecquet avait entendu prouver que l'usage des aliments maigres était, sous tous les rapports, préférable à l'usage des aliments gras. Andry soutient la thèse contraire, et combat la plupart des propositions contenues dans le livre de Hecquet; celles-ci par exemple :

Les grains engraissent le cheval, qui est beaucoup plus fort que l'homme.

L'homme a commencé à vivre de grains.

Le Créateur luy même a donné la préférence aux fruits, car l'homme sortant de ses mains eut ordre de ne se nourrir que de fruits.

Les organes de l'homme font voir que la viande ne luy convient point.

Les anciens aimoient tant les poissons qu'ils en faisoient leur divertissement.

Santé et longue vie des poissons.

Le poisson se tourne plus aisément en nourriture.

L'usage du poisson est plus ancien que celui de la viande.

[1] Pages 12 et suiv

Les anciens employoient le poisson dans toutes les maladies.

Le poisson n'a pas besoin de tant de préparation que la viande.

La viande est remplie de souphres malins.

On défend l'usage de la viande en temps de peste.

Le bouilli est plus sain et plus nourrissant que le rôti.

Dans le jeûne du caresme, l'estomac se délasse et acquiert plus de force.

Le corps d'un adulte ayant pris toutes ses dimensions n'a guère besoin de nourriture que comme en passant.

Relativement aux boissons, Hecquet soutient que :

L'usage continuel de l'eau est excellent à l'estomac.

L'eau fortifie le corps plus que ne fait le vin.

L'eau excite les passions.

L'eau donne de l'esprit. Les buveurs d'eau ont plus de sagacité et d'industrie que ceux qui boivent du vin.

Le café, le thé et le chocolate[1] rompent le jeûne, car on ne les boit point, on les hume.

L'usage du tabac rompt le jeûne, qu'on le prenne en poudre, en machicatoire ou en fumée.

Cette controverse fit grand bruit, et non

---

[1] *Sic.*

sans raison les fidèles s'en alarmèrent. Bien
que les deux docteurs fussent fermement
attachés à la foi catholique, leur querelle n'en
avait pas moins pour résultat de soumettre à
l'examen une pratique religieuse qu'il eût
mieux valu accepter les yeux fermés, d'éveiller
des doutes dans l'esprit des tièdes, de fournir
des armes aux protestants et aux incrédules.

L'Église même, en cette circonstance, put
être accusée de modérantisme. Semblant
pactiser avec les coupables, elle montra une
faiblesse que ses ennemis ne craignirent pas
d'attribuer à l'impuissance. De 1670 à 1754,
elle accorda dix-huit fois l'autorisation de
manger des œufs pendant le carême[1]. Il est
juste de dire que cette faveur n'était jamais
spontanée. Il fallait l'obtenir, et l'autorité
laïque suivait pour ce cas spécial une procé-
dure assez compliquée. Le lieutenant de
police s'adressait au parlement; il lui représentait que le poisson, les légumes et les
autres « denrées de carême » étaient fort
chères, et que le peuple allait avoir bien du
mal à vivre pendant les jours maigres. Le
parlement discutait les allégations du lieute-

[1] Duc de Luynes, *Mémoires,* 4 mars 1754, t. XIII,
p. 183. Voy. aussi 21 février 1750, t. X, p. 215.

nant de police, et s'il les trouvait fondées, il envoyait une députation à l'archevêque pour le prier de vouloir bien accorder une dispense aux Parisiens. Le prélat répondait par un mandement; mais celui-ci ne devenait exécutoire qu'après que le parlement s'était décidé à rendre un arrêt conforme [1].

Au milieu du dix-huitième siècle, cette autorisation avait été si prodiguée que, malgré les formalités dont le parlement continuait à l'entourer, on la regardait comme un droit acquis, et qu'on osait même la tourner en ridicule. L'avocat Barbier écrit dans son *Journal* en février 1754 : « L'archevêque a donné un mandement pour la permission de manger des œufs; le style en est un peu maigre [2]. » Naturellement, l'autorisation fut encore accordée l'année suivante, et toujours avec la réserve ordinaire : « Sans que la présente permission puisse tirer à conséquence pour l'avenir [3]. »

En outre, les dispenses personnelles devenaient chaque jour plus faciles à obtenir, et

---

[1] Duc de Luynes, *Mémoires*, **20** février 1751, t. XI, p. 59. Voy. aussi t. XIV, p. 446.
[2] Tome VI, p. 12.
[3] Barbier, *Journal*, février 1755, t. VI. p. 120.

partant plus nombreuses. Au dix-septième siècle, elles ne se donnaient guère qu'aux malades, aux convalescents, aux femmes enceintes, aux nourrices, aux vieillards ayant dépassé soixante-dix ans et aux jeunes gens n'ayant pas atteint vingt et un ans[1]. On étendit ensuite la dispense de faire maigre aux ouvriers et à toutes les personnes qui se livraient à un travail pénible; puis, peu à peu, aux avocats, aux banquiers, aux notaires, aux procureurs, aux professeurs, etc., etc. De sorte que Hecquet avait vraiment bien raison d'écrire : « La licence prendra bientôt la place du jeûne[2]. » Le 5 mars 1726, le doyen de la Faculté écrivit aux curés de Paris pour leur rappeler qu'aucune dispense ne devait être accordée sans un certificat de médecin[3].

En mai 1720, des lettres patentes avaient renouvelé à l'Hôtel-Dieu son privilège exclusif de faire le commerce des aliments gras pendant le carême. Une déclaration du 1er avril 1726, qui le lui confirma, nous prouve que la volonté du roi sur ce point n'était guère res-

[1] Rév. P. Léon, *Le carême catholique*, p. 121 et suiv.
[2] Tome II, p. 191.
[3] *Lettre des docteurs de la Faculté de médecine à Messieurs les curés de Paris*. In-4°.

pectée : « Un grand nombre de personnes, y
est-il dit, débitent, tant dans la ville de Paris
que dans les environs, même à ceux qui n'en
ont aucun besoin [1], des viandes, volailles et
gibier, et plusieurs personnes de distinction
autorisent et souffrent un pareil commerce
dans leurs propres maisons, quoique nous
l'ayons interdit dans nos maisons et palais [2]. »
Donc, l'économie l'emportait sur la foi, même
dans les grandes familles. Les aliments gras
n'ayant plus de débouchés durant le carême, les
marchands les livraient presque pour rien, tandis que l'Hôtel-Dieu, campé sur son privilège,
maintenait naturellement les prix habituels.

Les archives de l'Hôtel-Dieu fournissent à
cet égard de très curieux renseignements. On
y lit les procès-verbaux dressés contre des
soldats aux gardes, contre des frères quêteurs
de couvents, contre des gentilshommes, le
prince d'Harcourt et le marquis de Bellefond
entre autres, qui passaient de la viande en con-
trebande dans leurs carrosses. On y trouve
aussi la liste des grands seigneurs qui, en
plein carême, avaient établi chez eux des
boucheries ou des rôtisseries. La police savait

[1] Les non dispensés, sans doute.
[2] Isambert, *Anciennes lois françaises*, t. XXI, p. 299.

qu'il en existait à l'hôtel de Nevers, à l'hôtel
de Soissons, à l'hôtel de Soubise, chez le
prince de Talmont, chez les ducs d'Uzès, de la
Trémoille, de Rohan, d'Humières, etc. La
difficulté était de pénétrer dans ces riches
demeures. Le comte de Sommery, premier
écuyer de la duchesse de Berry, et parlant au
nom de sa maîtresse, informait les administrateurs de l'Hôtel-Dieu « que si quelqu'un
avoit l'insolence de venir visiter chez elle, il
·n'en sortyroit que par les fenestres. » Il est
vrai que l'on était alors sous la Régence, que
la duchesse de Berry était fille du Régent,
et si adonnée au péché de gourmandise qu'elle
finit par en mourir [1].

Servandoni se montra plus docile aux lois
de l'Église. Il avait obtenu la jouissance de la
salle dite des machines, aux Tuileries, et il y
organisait des représentations qui étaient surtout pour lui un prétexte à de splendides
mises en scène. Pendant le carême de 1750,
montant *Léandre et Héro,* tragédie de Lefranc
de Pompignan, il voulut y ajouter une scène
dans laquelle figurait un sacrifice aux dieux.
Pour cela, il fallait obtenir deux grasses vic-

---

[1] *Lettres de la princesse palatine,* t. II, p. 85, 131, 132
et 143.

times, un veau et une génisse, que les administrateurs de l'Hôtel-Dieu consentirent à lui
livrer [1].

Ici, d'ailleurs, toute dissimulation était
impossible. Mais les fraudes devinrent bientôt
si générales et si manifestes, et l'hôpital se
sentit si impuissant à les empêcher, qu'il prit
le parti d'abandonner son privilège ; non sans
compensation pourtant, comme bien enten-
dez. Par déclaration du 25 décembre 1774 [2],
le roi autorisa tout marchand à vendre des
aliments gras aux personnes munies de
dispense. Seulement, sur les droits d'entrée
acquittés par les bestiaux au marché de Sceaux
et aux barrières de Paris pendant le carême,
une somme de cinquante mille livres devait
être prélevée chaque année par l'État en
faveur de l'Hôtel-Dieu.

En somme, c'est le règne de la liberté
absolue qui commence, et Mercier peut
écrire en 1782 : « On tolère les œufs et le
beurre, les boucheries sont ouvertes, et
chacun fait ce qu'il veut [3]. »

[1] *Inventaire des archives de l'Hôtel-Dieu*, t. I, p. 380.
[2] Dans Isambert, *Anciennes lois françaises*, t. XXIII,
p. 111.
[3] *Tableau de Paris*, t. V, p. 95 et 243.

Pour ne pas rester sur ces tristes scènes de diète et de mortification, rappelons que l'Église avait aussi ses jours de sensualité et de liesse. Parmi ceux que nos ancêtres solennisaient avec le plus de zèle, il faut surtout mentionner la fête des Mages ou des Rois, « pource que la vocation des Gentils au christianisme est représentée par ces trois Roys payens, lesquels aussi-tost que Jésus-Christ fust né en Bethléem partirent des plus esloignées régions de l'Orient, et à la faveur d'une estoile luy vinrent faire hommage ; luy offrans de l'or, comme estant Roy ; de l'encens, comme estant Dieu ; et de la myrrhe, comme estant destiné à la mort pour le salut des hommes [1]. »

Au principal repas de cet anniversaire, on choisissait un roi, qui devenait le chef et l'arbitre du festin. Convives et serviteurs, tout le monde lui obéissait ; il réglait l'ordre des santés à porter, entretenait la conversation par de plaisants propos, prenait le premier la parole si chaque invité devait à son tour dire un conte. A Rome, d'où cette coutume nous est venue, on tirait au sort ce roi du festin [2]. En

[1] Guillaume du Peyrat, *Histoire ecclésiastique de la Cour*, 1645, in-folio, p. 705.

[2] Voy. M.-A. Muret, *Dissertation sur les festins des anciens*, p. 89.

France, il pouvait être désigné par le maitre de la maison, puisque le bon duc de Bourbon s'amusait souvent à faire roi « un enfant en l'aage de huict ans, le plus pauvre que l'on trouvàt en toute la ville, » et dont l'avenir était dès lors assuré [1].

La veille de l'Épiphanie, une fève cachée dans un gàteau suffisait donc pour créer un éphémère souverain. Étienne Pasquier, qui écrivait vers la fin du seizième siècle, nous a transmis un amusant récit de cette cérémonie [2] :

Celuy, dit-il, qui est le maistre du banquet a un grand gasteau, dans lequel il y a une febve cachée, gasteau que l'on coupe en autant de parts qu'il y a de gens conviez au festin. Cela fait, on met un petit enfant sous la table, lequel le maistre interroge sous le nom de *Phœbé*, comme si ce fut un qui en l'innocence de son aage représentast une forme d'oracle d'Apollon. A cet interrogatoire, l'enfant respond d'un mot latin : *Domine.* Sur cela, le maistre l'adjure de dire à qui il distribuera la portion du gasteau qu'il tient en sa main ; l'enfant le nomme ainsi qu'il luy tombe en la pensée, sans acception de la dignité des personnes, jusques à ce

---

[1] Jean d'Oronville, *Histoire de la vie du duc de Bourbon*, p. 17. — Il s'agit de Louis II, troisième duc de Bourbon, mort en 1410.

[2] *Recherches sur la France*, édit. de 1723, t. I, p. 389.

que la part est donnée à celuy où est la febve, et
par ce moyen il est réputé Roy de la compagnie,
encores qu'il fust le moindre en authorité. Et, ce
fait, chascun se desborde à boire, manger et danser.
Il n'y a respect de personnes, la festivité de la
journée le veut ainsi.

Les choses ne se passaient pas toujours
exactement de cette manière. Parfois, l'enfant
était dispensé de se mettre sous la table. Après
avoir offert à Dieu et à la Vierge une part du
gâteau, il distribuait les autres « à tous ceux
de la compagnie selon leur ordre et dignité.
Et est appellé le Roy de la compagnie celuy
à qui eschet la febve, et quant il boit tous les
conviez crient *le Roy boit*, en forme d'hommage que les conviez font à ce Roy, à l'exemple des Mages en leur adoration du Roy des
roys [1]. »

Ces réjouissances étaient très chères à nos
aïeux. On peut voir dans Guillaume du Peyrat [2], avec quelle solennité Hugues Capet et
saint Louis célébraient cet anniversaire, insti-
tué, dit-il, par l'Église « pour faire une leçon
annuelle aux Roys de la terre de recognoistre
Dieu comme plus grand et plus puissant Roy

---

[1] Nicolas Barthélemy, p. 15. Voy. plus loin.
[2] Pages 707 et suiv.

qu'ils ne sont. » Sous Louis XII, il se jouait ce jour-là à la cour « une farce dans laquelle personne n'estoit espargné dans ses vices ; non que les fatistes [1] le fissent pour se venger, ains pour contenir plusieurs hommes et femmes desbauchéz en leur devoir [2]. »

La fête des Rois n'avait pas toujours un caractère aussi édifiant. On sait que François Ier faillit y trouver la mort chez le comte de Saint-Pol [3] ; et Vieilleville [4] nous apprend qu'en campagne, alors même que l'on ne possédait ni le temps ni les moyens de faire liesse, les troupes allaient au feu la veille de l'Épiphanie en criant : *Le roi boit !* On vit aussi Henri III, entouré de ses mignons, conduire par les rues avec grande cérémonie « la damoiselle Pons de Bretagne, roine de la febve [5]. »

En 1611, au Louvre, Dieu fut le roi [6]. En

[1] Poètes, acteurs.
[2] Claude Fauchet, *OEuvres*, édit. de 1610, p. 155.
[3] Martin du Bellay, *Mémoires*, livre I, année 1521, édit. Michaud, t. V, p. 132.
[4] *Mémoires*, livre V, chap. 25, édit. Michaud, t. IX, p. 182.
[5] Lestoile, *Journal de Henri III*, janvier 1578, édit. Michaud, t. XIV, p. 93.
[6] J. Héroard, *Journal sur l'enfance et la jeunesse de Louis XIII*, t. II, p. 48.

1649, ce fut la Vierge. Anne d'Autriche se disposait alors à abandonner sa capitale révoltée. Quelques heures avant son départ, attentive à n'éveiller aucun soupçon dans son entourage, elle célébra tranquillement la fête des Rois avec le petit Louis XIV, madame de Brégy et madame de Motteville. « Nous la fîmes reine de la fève, écrit cette dernière, parce que la fève s'étoit trouvée dans la part de la Vierge ; et pour faire bonne mine, elle commanda qu'on nous apportât une bouteille d'hippocras, dont nous bûmes devant elle. Et nous, qui n'avions pas de plus grande affaire que celle de nous-divertir, nous forçâmes la reine d'en boire un peu. Nous voulûmes satisfaire aux obligations des extravagantes folies de ce jour, et nous criâmes : *la Reine boit !* Nous soupâmes à notre ordinaire dans sa garde-robe dés restes de son soupé [1]. »

L'Épiphanie se fêtait dans les plus humbles demeures, et le langage populaire était riche en proverbes rappelant cette ombre de royauté décernée à un pauvre diable, à qui pendant quelques heures chacun rendait hommage. Si les uns enviaient le pouvoir, d'autres, les timi-

---

[1] *Mémoires,* édit. Michaud, t. XXIV, p. 230.

des sans doute, cherchaient à l'éviter, de sorte que l'on disait par moquerie d'un homme contrarié, qu'il avait « trouvé la febve au gasteau [1] ; » en même temps que, pour témoigner la joie de revoir un ami, on l'accueillait par ces mots : « Je suis aussi ravy de vous avoir rencontré que si j'estois roy de la febve [2]. » Dans une farce du seizième siècle [3], Jeninot réduit à banqueter avec son chat, le fait roi, le force à boire du vin clairet, et crie à tue-tête : *Le roy boit ! le roy boit !*

On devine que la fête ne se passait pas toujours sans désordres. Aussi d'austères théologiens, pour qui ces réjouissances étaient sans charmes, s'élevèrent-ils contre ce qu'ils appelaient une réminiscence des cérémonies païennes. Dans les mots *Phœbe Domine,* le docteur de Sorbonne Jean Deslyons voyait une invocation à la lune, ce qui était bien du paganisme au premier chef [4]. L'avocat Nicolas Bar-

---

[1] Guill. Bouchet, *Quatrième sérée,* édit. de 1585, t. I, p. 79.

[2] A. de Montluc, *La comédie des proverbes,* acte III, sc. 5.

[3] *Farce nouvelle, très bonne et fort joyeuse de Jeninot qui fist un roy de son chat par faulte d'autre compagnon.* Dans Viollet-le-Duc, *Ancien théâtre françois,* t. I, p. 295.

[4] Voy. Jean Deslyons, *Discours ecclésiastiques contre le paganisme des roys de la febve et du roy-boit,* 1664, in-18.

thélemy lui répondait qu'il fallait prononcer *fabæ Domine,* « c'est-à-dire Seigneur, voici les febves que nous allons tirer sous vos auspices [1]. » Cent ans plus tôt, une querelle de ce genre eût fourni au sieur Barthélemy l'occasion de périr glorieusement sur un bûcher et d'obtenir ainsi la palme du martyre. Las ! que l'indifférence avait déjà fait de ravages dans les cœurs ! Non seulement Barthélemy ne fut point brûlé, mais encore on osa se railler de la Sorbonne, et à la cour même on continua de tirer les rois chaque année. Y prononçait-on *phœbe* ou *fabæ?* l'histoire est muette sur ce point. Le *Mercure galant* [2] nous a cependant conservé une intéressante description du souper qui fut donné par Louis XIV en 1684 à l'occasion de l'Épiphanie. J'en dois citer quelques lignes, car on y trouve à la fois un curieux spécimen du style galant de cette époque, et une peinture fidèle de la société qui savait si bien dire de si jolies choses :

S'il est d'une grande âme de chercher toûjours à s'élever, il n'est pas moins beau, quand on se voit dans le plus haut rang, de s'abaisser pour se rendre

[1] Voy. N. Barthélemy, *Apologie du banquet sanctifié de la veille des Rois,* 1664, in-18.

[2] Numéro de janvier 1684, p. 150 et suiv.

communicable. On se fait craindre par l'un, on se fait aimer par l'autre, et les deux ensemble font mériter le titre de Grand. Il ne faut pas s'étonner si on l'a donné au Roy, et s'il est l'amour comme la terreur du monde. Quand il veut se rendre redoutable, on n'en peut supporter la majesté, et lorsqu'il juge à propos de descendre de sa grandeur, il le fait avec un agrément qui enchante tous ceux qui ont l'honneur de l'approcher dans ces temps-là. Ce que je vous dis parut dans le soupé que Sa Majesté donna le jour des Roys.

On dressa quatre tables pour les Dames dans son grand appartement de Versailles, et une autre pour les Princes et Seigneurs, appellée la table des Princes. A celle du Roy estoient Madame la Duchese de la Vieuville, Mesdemoiselles de Jarnac, de Biron, de Potiers, de Loubes et de Rambures, Mesdames de Montchevreüil et Colbert de Croissy, Mademoiselle de Clisson et Mesdames de Seignelay et de Gramont. Je les nomme icy selon la place qu'elles occupoient : ainsi la première et la dernière avoient l'honneur d'estre auprès du Roy. La fève se trouva dans la part de gâteau de Mademoiselle de Rambures, et elle receut pendant toute la soirée les honneurs d'une Royauté de cette nature.

Il y eut onze Dames à la table de Monseigneur le Dauphin. Mademoiselle de Gontaut y eut le mesme avantage, et on luy rendit les mesmes honneurs.

Monsieur estoit accompagné d'un pareil nombre de Dames à la table qu'il tenoit. Mademoiselle de Nantes eut la fève, et y soûtint bien le caractère de Reyne.

Le sort se déclara de la mesme sorte pour mademoiselle de Chauseray à la table de Madame, où douze Dames remplissoient les places.

M. le Grand[1] fut Roy à la table des Princes. On nomma des ambassadeurs et des ambassadrices, qui allèrent de chaque table aux autres pour faire des alliances. Mademoiselle de Loubes fut députée de la table où elle estoit pour aller faire compliment à M. le Grand. Elle estoit accompagnée du Roy, qui luy servoit de Chevalier d'honneur. Sa Majesté, s'estant approchée de M. le Grand, luy demanda sa protection; ce Prince la luy promit, et ajouta « qu'il feroit sa fortune, si elle n'estoit pas faite. » M. le Marquis de Dangeau fut député pour faire des harangues à toutes les Reynes. Il s'en acquita d'une manière tendre et enjoüée tout-ensemble; et tant d'esprit parut dans tout ce qu'il dit qu'on auroit eu peine à croire qu'il eust pû trouver tant de jolies choses sur le champ, si l'on n'eust connu qu'il avoit esté impossible à ce Marquis de prévoir qu'il auroit à faire de semblables complimens[2]. En effet, le régal que le Roy donnoit ne laissoit pas deviner les incidens du repas. Ce sont des choses que la joye inspire, et qui s'exécutent dans le moment mesme.

Le Roy fut si satisfait du plaisir que prit la Cour à ce divertissement qu'il voulut traiter encore les

---

[1] Le grand écuyer, qui était alors Philippe, comte d'Armagnac, dit le chevalier de Lorraine.

[2] Comment se fait-il que ce seigneur, qui avait tant d'esprit, en ait mis si peu dans son *Journal* ?

mesmes personnes huit jours après. Ce Monarque
eut la fève du gâteau, et l'on pouvoit dire qu'il
estoit Roy par sa naissance, par son mérite, et par
le choix du sort, qu'on ne pouvoit appeller capri-
cieux ce soir-là... Mademoiselle de Loubes, conduite
par Madame la Comtesse de Brégy, fut encore
ambassadrice aux autres tables. Elle remplit cette
fonction avec beaucoup d'agrément ; et Madame de
Brégy qui parla ainsi qu'elle, fit briller ce feu d'esprit qui luy est si naturel, et qui, sans qu'elle ait
besoin de se préparer, luy fait dire des choses extra-
ordinaires, dont les autres auroient peine à ima-
giner seulement les termes en beaucoup de temps.
Une grande Princesse qui estoit à l'une des tables
envoya demander la protection du Roy pour tous
les malheurs qui luy pourroient arriver pendant le
cours de sa vie. Le Roy répondit « qu'il la luy
accordoit volontiers, pourveu qu'elle ne se les
attirast pas. » Cette réponse fit dire à un Courtisan
« que ce Roy-là ne parloit pas en Roy de la fève. »

Le roi de la fève perdit, comme les autres,
beaucoup de son prestige au siècle suivant,
trompant ainsi les prévisions de Mercier,
lequel écrit à ce propos « que toute fête fon-
dée sur la bâfre sera et doit être immortelle[1]. »
Que nous voilà loin du *Mercure galant !*

[1] *Tableau de Paris,* chap. 494, t. VI, p. 133.

IV

LOUIS XIV A TABLE.

Les repas *au petit couvert*. — Les repas en campagne. —
Les repas *au grand couvert*. — Louis XIV a-t-il admis
Molière à sa table? — Les repas du roi *en public*. — Les
repas de Napoléon au grand couvert. — Essai sur l'his-
toire de l'étiquette. — Les primeurs. — Le maitre d'hôtel
Audiger. — Passion des Parisiens pour les petits pois. —
Les costeaux ou les marquis frians. — Louis XV et les
fraises.

Louis XIV mangeait, soit seul ou presque
seul, ce que l'on appelait *au petit couvert;* soit
avec la famille royale, *au grand couvert;* soit
en public.

En général, le diner était *au petit couvert,*
et le roi le prenait dans sa chambre. Donnons
tout de suite la parole à Saint-Simon :

Le diner étoit toujours au petit couvert, c'est-à-
dire seul dans sa chambre, sur une table carrée, vis-
à-vis la fenêtre du milieu. Il étoit plus ou moins
abondant, car il ordonnoit le matin petit couvert
ou très petit couvert. Mais ce dernier étoit toujours
de beaucoup de plats[1], et de trois services sans le

[1] J'ai parlé ailleurs (*La cuisine*) du prodigieux appétit de
Louis XIV, je n'y reviendrai donc pas ici.

fruit. La table entrée, les principaux courtisans entroient, puis tout ce qui étoit connu, et le premier gentilhomme de la chambre en année alloit avertir le Roy. Il le servoit si le grand chambellan n'y étoit pas.

J'ai vu, mais fort rarement, Monseigneur[1] et Messeigneurs ses fils au petit couvert, debout, sans que jamais le Roi leur ait proposé un siège. J'y ai vu continuellement les princes du sang et les cardinaux tout du long. J'y ai vu assez souvent Monsieur, ou venant de Saint-Cloud voir le Roi, ou sortant du conseil de dépêches, le seul où il entroit. Il donnoit la serviette et demeuroit debout. Un peu après, le Roi, voyant qu'il ne s'en alloit point, lui demandoit s'il ne vouloit point s'asseoir ; il faisoit la révérence, et le Roi ordonnoit qu'on lui apportât un siège. On mettoit un tabouret derrière lui. Quelques moments après, le Roi lui disoit : « Mon frère, asseyez-vous donc. » Il faisoit la révérence, et s'asseoyoit jusqu'à la fin du dîner, qu'il présentoit la serviette. D'autrefois, quand il venoit de Saint-Cloud, le Roi en arrivant à table demandoit un couvert pour Monsieur, ou bien lui demandoit s'il ne vouloit pas dîner. S'il le refusoit, il s'en alloit un moment après sans qu'il fût question de siège ; s'il l'acceptoit, le Roi demandoit un couvert pour lui. La table étoit carrée ; il se mettoit à un bout, le dos au cabinet. Alors le grand chambellan, s'il servoit, ou le premier gentilhomme de la chambre, donnoit à boire et des assiettes à Mon-

---

[1] Le Dauphin.

LA CHAMBRE A COUCHER DE LOUIS XIV.

D'après *Les galeries historiques de Versailles*.

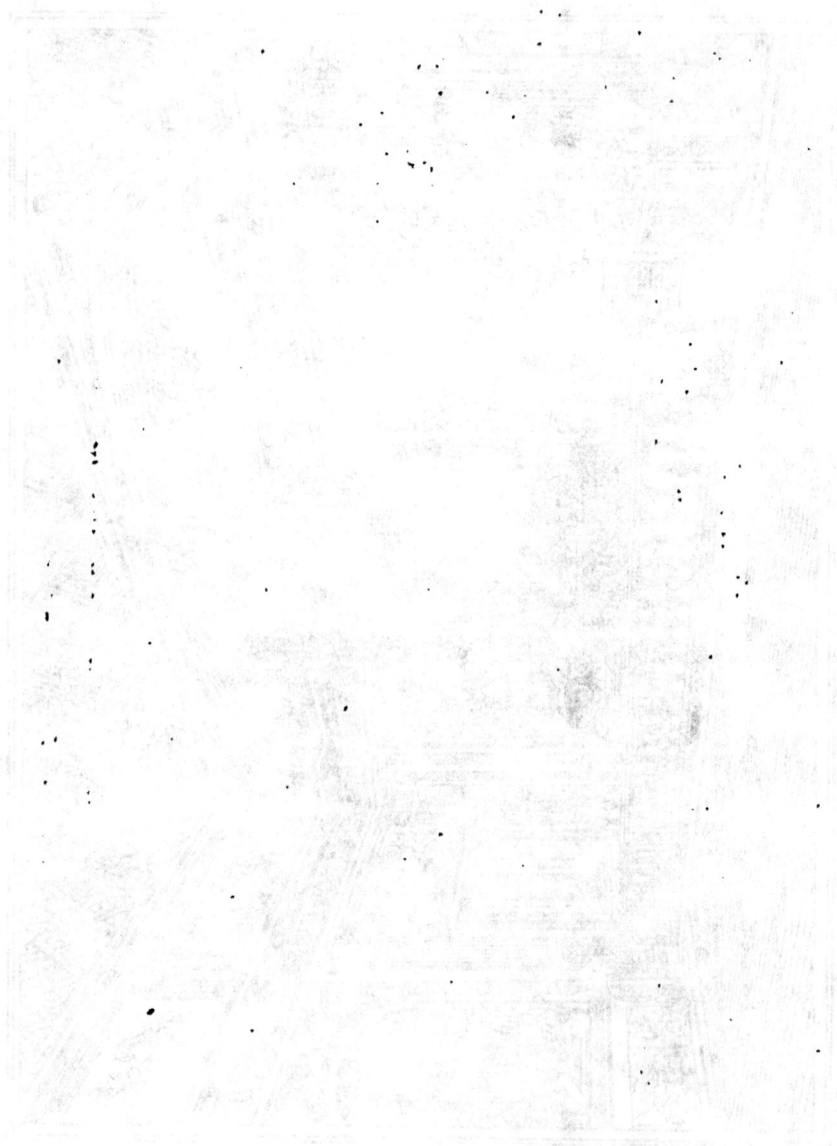

sieur, et prenoit de lui celles qu'il ôtoit, tout comme il faisoit au Roi ; mais Monsieur recevoit tout ce service avec une politesse fort marquée. Quand il étoit au dîner du Roi, il remplissoit et égayoit fort la conversation. Là, quoique à table, il donnoit la serviette au Roi en s'y mettant et en sortant ; et la rendant au grand chambellan, il y lavoit[1]. Le Roi, d'ordinaire, parloit peu à son dîner, quoique par-ci par-là quelques mots, à moins qu'il n'y eût de ces seigneurs familiers avec qui il causoit un peu plus, ainsi qu'à son lever.

Au sortir de table, le Roi rentroit tout de suite dans son cabinet. C'étoit là un des moments de lui parler pour des gens distingués. Il s'arrêtoit à la porte un moment à écouter, puis il entroit, et très-rarement l'y suivoit-on, jamais sans le lui demander, et c'est ce qu'on n'osoit guère. Alors il se mettoit avec celui qui le suivoit dans l'embrasure de la fenêtre la plus proche de la porte du cabinet, qui se fermoit aussitôt, et que l'homme qui parloit au Roi rouvroit lui même pour sortir, en quittant le Roi. C'étoit encore le temps des bâtards et des valets intérieurs, quelquefois des bâtimens, qui attendoient dans les cabinets de derrière, excepté le premier médecin, qui étoit toujours au dîner, et qui suivoit dans les cabinets. C'étoit aussi le temps où Monseigneur se trouvoit quand il n'avoit pas vu le Roi le matin[2].

Pour ces dîners au petit couvert, le repas

[1] Y essuyait ses mains.
[2] Tome XII, p. 175.

était apporté tout servi sur une table que
deux officiers plaçaient devant le fauteuil
du roi. Le dessert se composait invariable-
ment de fruits, de confitures sèches, et de
quatre compotes. Quand le roi demandait à
boire, le contrôleur ordinaire avertissait le
chef de l'échansonnerie. Celui-ci allait prendre au buffet un plateau sur lequel étaient
préparés une carafe pleine d'eau, une carafe
pleine de vin et un verre, puis il s'avançait
vers le grand chambellan précédé d'un aide
d'échansonnerie portant l'*essai*. C'était une
petite tasse, dans laquelle le grand chambellan versait un peu d'eau et de vin, et qu'il
tendait au chef de l'échansonnerie[1], qui
devait la vider. Le roi avait alors le droit de
boire[2].

A l'armée ou aux retours de chasse,
Louis XIV admettait plus volontiers quelques

[1] En 1712, le chef de l'échansonnerie se nommait André
de Caterby. Le grand chambellan était « M. le duc de Bouillon, Godefroy-Frédéric-Maurice de la Tour d'Auvergne, duc
souverain de Bouillon, duc d'Albret et de Château-Thierry,
pair de France, comte d'Auvergne, d'Évreux et de Beau-
mont-le-Roger, vicomte de Turenne et de Lenquais, vidame
de Tulle, baron de Limeuil et Montgâcon, gouverneur de la
haute et basse Auvergne, sénéchal d'Albret, bailly de Château-Thierry, etc., etc.

[2] Trabouillet, *État de la France pour* 1712, t. I, p. 98
et 103

personnes à sa table : les officiers du gobelet ne servaient guère que les princes du sang et les princes légitimés, les autres convives étaient servis par des pages [1]. L'étiquette restait donc fort sévère. Écoutons encore Saint-Simon :

Je ne parlerai point de la manière de vivre du Roi quand il s'est trouvé dans ses armées. Ses heures y étoient déterminées par ce qui se présentoit à faire, en tenant néanmoins régulièrement ses conseils ; je dirai seulement qu'il n'y mangeoit soir et matin qu'avec des gens d'une qualité à pouvoir avoir cet honneur. Quand on y pouvoit prétendre, on le faisoit demander au Roi par le premier gentilhomme de la chambre en service. Il rendoit la réponse, et dès le lendemain, si elle étoit favorable, on se présentoit au Roi lorsqu'il alloit dîner, qui vous disoit : « Monsieur, mettez-vous à table. » Cela fait, c'étoit pour toujours, et on avoit après l'honneur d'y manger quand on vouloit, avec discrétion. Les grades militaires, même d'ancien lieutenant général, ne suffisoient pas. On a vu que M. de Vauban, lieutenant général si distingué depuis tant d'années, y mangea pour la première fois à la fin du siège de Namur, et qu'il fut comblé de cette distinction [2]; comme aussi les colonels de qualité

---

[1] Trabouillet, t. I, p. 99.

[2] « Le Roi a donné ce matin à Vauban cent mille francs, et l'a prié à dîner, honneur dont il a été plus touché que de l'argent. Il n'avoit jamais eu l'honneur de manger avec le Roi. » *Journal* de Dangeau, 9 avril 1691, t. III, p. 320.

distinguée y étoient admis sans difficulté. Le Roi
fit le même honneur à Namur à l'abbé de Grancey,
qui s'exposoit partout à confesser les blessés et à
encourager les troupes. C'est l'unique abbé qui ait
eu cet honneur. Tout le clergé en fut toujours
exclu, excepté les cardinaux et les évêques-pairs,
ou les ecclésiastiques ayant rang de prince étranger.
Le cardinal de Coislin, avant d'avoir la pourpre,
étant évêque d'Orléans, premier aumônier et suivant le Roi en toutes ses campagnes, et l'archevêque
de Reims, qui suivoit le Roi comme maître de sa
chapelle, y voyoit[1] manger le duc et le chevalier de
Coislin, ses frères, sans y avoir jamais prétendu.
Nul officier des gardes du corps n'y a mangé non
plus, quelque préférence que le Roi eût pour ce
corps, que le seul marquis d'Urfé par une distinction unique : je ne sais qui la lui valut en ces temps
reculés de moi.

À ces repas tout le monde étoit couvert[2]. C'eût
été un manque de respect dont on vous auroit
averti sur le champ de n'avoir pas son chapeau sur
la tête ; Monseigneur même l'avoit : le Roi seul
étoit découvert. On se découvroit quand le Roi
vous parloit, ou pour parler à lui, et on se conten-
toit de mettre la main au chapeau pour ceux qui
venoient faire leur cour le repas commencé, et qui
étoient de qualité à avoir pu se mettre à table. On
se découvroit aussi pour parler à Monseigneur ou à

---

[1] *Sic.* Voy. le paragraphe suivant.
[2] Voy. dans cette collection : *Les soins de toilette, le
savoir-vivre*, p. 78.

Monsieur, ou quand ils vous parloient. Le Roi seul avoit un fauteuil. Monseigneur même, et tout ce qui étoit à table, avoient des sièges à dos de maroquin noir, qui se pouvoient briser pour les voiturer et qu'on appeloit des perroquets.

Ailleurs qu'à l'armée, le Roi n'a jamais mangé avec aucun homme, en quelque cas que ç'ait été, non pas même avec aucun prince du sang, qui n'y ont mangé qu'à des festins de leurs noces, quand le Roi les a voulu faire...

De grand couvert à dîner, cela étoit extrêmement rare : quelques grandes fêtes, ou à Fontainebleau quelquefois, quand la reine d'Angleterre y étoit. Aucune dame ne venoit au petit couvert. J'y ai seulement vu très rarement la maréchale de la Mothe, qui avoit conservé cela d'y avoir amené les enfants de France, dont elle avoit été gouvernante. Dès qu'elle y paraissoit, on lui apportoit un siège, et elle s'asseoyoit, car elle étoit duchesse à brevet...

A son souper, toujours au grand couvert, avec la maison royale, c'est-à-dire uniquement les fils et filles de France et les petits-fils et petites-filles de France, étoient toujours grand nombre de courtisans, et de dames tant assises que debout, et la surveille des voyages de Marly toutes celles qui vouloient y aller. Cela s'appeloit se présenter pour Marly[1].

C'est de ces soupers que la princesse Palatine disait : « Le soir, je soupe avec le roi.

[1] Tome XII, p. 170, 171, 172, 177 et 181.

Nous sommes cinq ou six à table ; chacun
s'observe comme dans un couvent, sans pro-
férer une parole, tout au plus un couple de
mots dits tout bas à son voisin[1]. » Au luxe de
la table et aux mille formalités du service, la
Palatine eût préféré un peu plus de liberté
pour sa langue, qu'elle avait bien pendue,
comme on sait. Mais Louis XIV était de tout
autre humeur :

Quand le Roy dîne et soupe à son grand couvert, c'est-à-dire avec la nef[2], et que le maître
d'hôtel porte son bâton, l'huissier de la salle vient
auparavant avertir au Goblet[3]. Et pour lors, le
chef de paneterie-bouche, précédé de cet huissier
(qui fait ranger le monde et qui fait mettre chapeau bas), porte la nef, accompagné d'un garde du
corps à sa main droite, et suivi des autres officiers
du Goblet portans ce qui est nécessaire pour le service. Étant tous arrivez au lieu où le Roy doit
manger, le chef de paneterie-bouche prépare le
couvert en cette sorte : deux officiers du Goblet
mettent le tablier ou nappe sur la table du Roy, et
l'un d'eux pose dessus les assiettes d'or nécessaires
pour changer, lesquelles sont en pile en un ou
plusieurs tas l'une sur l'autre, avant que les gentilshommes servans aient posé le cadenat. Le chef du

---

[1] *Lettre* du 3 mars 1707, t. I, p. 95.
[2] Voy. ci-dessus, p. 87 et suiv.
[3] Service comprenant la paneterie et l'échansonnerie.

jour porte entre deux assiettes la première serviette mouillée, et la remet dans le temps qu'il faut entre les mains du maître d'hôtel portant bâton, lequel la donne immédiatement au Roy. Mais s'il se trouve là un prince du sang ou légitimé, ce maître d'hôtel lui met en main cette serviette mouillée, lequel la présente à Sa Majesté.

Ce chef de Goblet envoie ensuite au chef qui est resté de garde à l'office lui dire que le Roy est à table. Et alors, ce chef accompagne le fruit[1], qu'il fait apporter et pose sur la table du prêt[2] où est la nef, le gentilhomme servant lui en faisant faire l'essay. Ce fruit est composé de deux grands bassins de fruits cruds dans des pourcelaines, de deux autres plats de toutes sortes de confitures seiches faites au Goblet, aussi en pourcelaines, de quatre compotes et confitures liquides, et de quatre salades[3].

Comme nous l'avons vu, Saint-Simon certifie que, sauf en campagne, Louis XIV n'a jamais admis d'homme à sa table, « n'a jamais mangé avec aucun homme en quelque cas que ç'ait été, non pas même avec aucun prince du sang[4]. » M. É. Despois[5] part de là pour

[1] Le dessert.

[2] La table où se faisait le prêt ou *essai*. Voy. dans cette collection le volume consacré aux *Repas*. On y trouvera sur les détails du service une foule d'explications que je ne puis répéter ici.

[3] Trabouillet, t. I, p. 95.

[4] Tome XII, p. 171. Voy. aussi t. V, p. 334.

[5] *Le théâtre français sous Louis XIV*, p. 311 et suiv.

reléguer au rang des contes absurdes l'anecdote qui nous montre Louis XIV faisant asseoir à sa table Molière, et pour déclarer que cette légende est « parfaitement invraisemblable. » Il me semble, au contraire, qu'elle mérite mieux que des railleries, et qu'elle présente tous les caractères de la vraisemblance.

D'abord l'affirmation de Saint-Simon est inexacte. Elle prouve surtout que le vaniteux gentilhomme n'a jamais pris part aux repas du roi. Lui-même nous a expliqué tout à l'heure que Monsieur s'asseyait souvent à la table royale. La Palatine, qui y figurait plus souvent qu'elle n'eût désiré, se borne à nous dire que Louis XIV « ne voulait *ordinairement* personne à sa table, si ce n'est les membres de la famille du sang[1]. » De son côté, le comte de Brienne, simple secrétaire d'État, raconte, sans trop s'en enorgueillir, qu'il mangea deux fois avec le roi[2].

Remontons à l'origine de la légende. Elle a soixante-huit ans, âge tendre pour une légende, j'en conviens. Elle a été lancée dans la circulation par madame Campan, qui la tenait de son beau-père, qui la tenait lui-même d'un

[1] *Lettre* du 15 octobre 1719, t. II, p. 167.
[2] *Mémoires*, t. II, p. 202.

vieux médecin du roi, nommé Lafosse [1]. Vous
voyez que je ne dissimule rien. Voici maintenant le texte original :

Louis XIV ayant su que les officiers de sa chambre
témoignaient, par des dédains offensans, combien
ils étaient blessés de manger à la table du contrôleur de la bouche avec Molière, valet de chambre
du Roi, parce qu'il avait joué la comédie, cet
homme célèbre s'abstenait de se présenter à cette
table. Louis XIV, voulant faire cesser des outrages
qui ne devaient pas s'adresser à un des plus grands
génies de son siècle, dit un matin à Molière, à
l'heure de son petit lever : « On dit que vous faites
maigre chère ici, Molière, et que les officiers de ma
chambre ne vous trouvent pas fait pour manger
avec eux. Vous avez peut-être faim, moi-même je
m'éveille avec un très bon appétit ; mettez-vous à
cette table, et qu'on me serve mon *en-cas de nuit*. »
Alors le Roi coupant la volaille et ayant ordonné à
Molière de s'asseoir, lui sert une aile, en prend en
même temps une pour lui, et ordonne que l'on
introduise les entrées familières, qui se composaient
des personnes les plus marquantes et les plus favo-

[1] M. Despois la rajeunit d'un an quand il fixe la date de
sa naissance à 1823 ; et son erreur n'a guère d'excuse, car il
renvoie à l'édition des Mémoires de madame Campan publiée
en 1823, et qui est indiquée sur le titre comme *cinquième
édition*. La première parut en 1822. M. Despois dit aussi
que madame Campan ne nomme pas le médecin Lafosse :
mais celui-ci est parfaitement nommé, même dans l'édition
de 1823, t. IV, p. 4.

risées de la cour. « Vous me voyez, leur dit le Roi, occupé de faire manger Molière, que mes valets de chambre ne trouvent pas assez bonne compagnie pour eux[1]. »

Constatons avant tout que madame Campan n'écrivait pas comme madame de Sévigné. Puis, faisons remarquer que :

Un sieur François Chaban de Lafosse était chirurgien de Louis XIV en 1712[2].

Dès 1657, Molière eut la survivance de la charge de tapissier du roi, que possédait son père[3]. Ces fonctions, inférieures à celles de valet de chambre[4], n'en donnaient pas moins *bouche à cour;* mais je ne crois pas qu'elles autorisassent l'entrée dès le matin dans la chambre royale, privilège réservé au valet de service[5].

Dans notre texte, il ne s'agit ni d'un dîner ni d'un souper du roi, mais d'un repas tout spécial.

---

[1] *Mémoires,* édit. Baudouin [1822], t. III, p. 8.
[2] Trabouillet, *État de la France pour* 1712, t. I, p. 245.
— Un autre Lafosse, descendant peut-être de celui-ci, était chirurgien de la reine en 1745. Voy. les *Mémoires* du duc de Luynes, octobre 1745, t. VII, p. 83.
[3] *État général des officiers, domestiques et commançaux de la maison du Roy,* p. 37 et 84.
[4] Voy. ci-dessous, p. 263.
[5] Trabouillet, t. I, p. 167

L'*en-cas de nuit* se composait de viandes
froides [1], et la volaille était découpée d'a-
vance. Le roi n'aurait eu qu'à servir son hôte
improvisé. Le texte ne dit même pas positivement que Louis XIV se soit mis à table avec
Molière.

Ce qui suit a une allure théâtrale qui se
concilie très bien avec le caractère de
Louis XIV.

Ces considérations ne tendent-elles pas à
établir l'authenticité du récit fait par madame
Campan?

On a gratifié nos rois d'une foule de mots
heureux qu'ils n'eussent point trouvés tout
seuls, l'esprit n'étant pas de droit divin. Des
courtisans malins ont de même créé au profit
de leur maître une foule d'anecdotes fort édi-
fiantes. Mots et anecdotes sont acceptables et
aussitôt acceptés quand on les met sur le
compte de Henri IV, par exemple, souverain
sans morgue, et plein tout à la fois de finesse
et de bonhomie. La hautaine dignité de
Louis XIV s'y prête beaucoup moins, et pourtant l'aventure du roi servant le comédien.

---

[1] Il consistait en trois pains, deux bouteilles de vin, un
flacon plein d'eau, un verre, une tasse, sept ou huit serviettes, et trois plats froids.

possède le double mérite d'être à la fois char-
mante et vraisemblable. Quant à être vraie, je
n'en crois rien. Pourquoi? Il ne se présente
qu'une objection, mais elle est décisive à elle
seule. Comment un fait aussi extraordinaire, et
tout à l'honneur du roi, n'a-t-il été rapporté
par aucun des nombreux chroniqueurs qui,
avec une sollicitude parfois si puérile, nous
ont conservé le souvenir des moindres actions
de Louis XIV? Cet argument étant absolu-
ment sans réplique, je reviens aux repas du
roi.

Quand Louis XIV dînait en public, son
couvert était dressé dans une grande salle
communiquant avec la pièce dite *de l'œil de
bœuf,* qui précédait elle-même la chambre à
coucher. J'emprunte à *L'état de la France pour*
1712, livre officiel, la curieuse description
de l'étiquette qui était observée pendant ces
repas :

L'huissier de salle, aïant receu l'ordre pour le
couvert du Roy, va à la salle des gardes du corps,
frappe de sa baguette sur la porte de leur salle, et
dit tout haut : *Messieurs, au couvert du Roy!* Puis,
avec un garde, il se rend au Goblet. Ensuite, le
chef du Goblet apporte la nef, les autres officiers
apportent le reste du couvert : le garde du corps

marchant proche la nef, et l'huissier de salle marchant devant eux la baguette en main, et le soir tenant aussi un flambeau, porte les deux tabliers ou nappes.

Étant tous arrivez au lieu où la table du prêts est dressée, l'huissier de salle étale seul une nappe ou tablier sur le buffet. Puis le chef du Goblet et l'huissier de salle étalent dessus la table du prêts la nappe ou tablier, dont cet huissier de salle reçoit un des bouts que l'officier du Goblet, qui en retient l'autre bout, lui jette adroitement entre les bras. Après, les officiers du Goblet posent la nef et préparent tout le reste du couvert.

Puis le gentilhomme servant qui est de jour pour le prêts, coupe les essais de pain déjà préparé au Goblet, fait faire l'essay au chef du goblet du pain du Roy et du sel. Il touche aussi d'un essay les serviettes qui sont dans la nef, et la cuillère, la fourchette, le couteau et les curedents de Sa Majesté qui sont sur le cadenat, donnant pareillement cet essay à manger à l'officier du Goblet, ce qu'ils appellent *faire le prêts*. Et le gentilhomme servant, aiant ainsi pris possession de la table des prêts, continue de la garder.

Ce prêts étant fait, les officiers du Goblet vont à la table où doit manger le Roy, la couvrent de la nappe ou tablier de la même façon ci-dessus exprimée. Ensuite un des gentilshommes servans y étale une serviette, dont la moitié déborde du côté de Sa Majesté, et sur cette serviette il pose le couvert du Roy, sçavoir l'assiette et le cadenat sur lequel sont le pain, la cuillère, la fourchette et le couteau, et par dessus est la serviette du Roy, bâtonnée, c'est-à-dire proprement pliée à gaudrons et petits carreaux. Puis ce gentilhomme servant replie sur tout le couvert la serviette de dessous qui déborde. Il pose aussi les colliers,[1] ou porte-assiettes, et le tranchant ou couteau, la cuillère et la fourchette dont il a besoin pour le service, ces trois dernières pièces étant pour lors entourées d'une serviette pliée entre deux assiettes d'or. Puis il se tient tout proche la table, pour garder le couvert de Sa Majesté.

Pendant tout ce temps, l'huissier de salle est retourné à la salle des gardes, où aiant frappé de sa baguette contre la porte de leur salle, il dit tout haut : *Messieurs, à la viande du Roy!* Puis il va à l'office-bouche où il trouve le maître d'hôtel qui est de jour, le gentilhomme servant et le contrôleur qui s'y sont rendus.

EXTRAIT DE L'ORDONNANCE DU 7 JANVIER 1681.

La viande de Sa Majesté sera portée en cet ordre. Deux de ses gardes marcheront les premiers, ensuite l'huissier de salle, le maître d'hôtel avec son bâton, le gentilhomme servant, le panetier, le contrôleur général, le contrôleur clerc d'office, et

---

[1] « On appelle *collier de more* un ustencile de table fait en forme de collier, qui sert à élever ou à porter un plat ou une assiette volante. On ne s'en sert presque plus. » *Dictionnaire de Furetière* [1727]. — Les assiettes volantes étaient des plats creux, dans lesquels se servaient les entrées et parfois les légumes.

autres, qui porteront la viande, l'écuier de cuisine
et le garde-vaisselle. Et derrière eux deux autres
gardes de Sa Majesté, qui ne laisseront approcher
personne de la viande. Et les officiers ci-dessus
nommez, avec un gentilhomme servant seulement,
retourneront à la viande à tous les services.

Après que le Ser-d'eau[1] a donné à laver dans
l'office appelé la Bouche au maître d'hôtel, au
gentilhomme servant et au contrôleur, l'écuier-
bouche range les plats sur la table de l'office, et
présente deux essais de pain au maître d'hôtel qui
fait l'essay du premier service, et qui après avoir
touché les viandes de ces deux essais de pain, en
donne un à l'écuier-bouche qui le mange, et l'autre
est mangé par le maître d'hôtel. Ensuite le gentilhomme servant prend le premier plat, le second est
pris par un contrôleur, et les officiers de la Bouche
prennent les autres. En cet ordre, le maître d'hôtel
aïant le bâton en main, marche à la tête, précédé
de quelques pas par l'huissier de salle portant une
baguette (qui est la marque de sa charge), et le soir
aiant un flambeau ; et la viande, accompagnée de
trois gardes du corps leurs carabines sur l'épaule,
étant arrivée, le maître d'hôtel fait la révérence à
la nef. Le gentilhomme servant qui tient le premier
plat le pose sur la table où est la nef, et aiant receu
un essay du gentilhomme servant qui fait le prêts,
il en fait l'essay sur lui, et pose son plat sur la

---

[1] Les valets dits du *serdeau* faisaient fonctions à la table
des gentilshommes servants. On servait à celle-ci la desserte
de la table du roi.

table du prêts. Le gentilhomme servant qui fait le
prêts prend les autres plats des mains de ceux qui
les portent, et les pose sur la table du prêts, en
faisant faire l'essay à ceux qui les ont apportez :
ces mêmes plats étant après portez par les autres
gentilshommes servants sur la table du Roy.

Le premier service étant sur table, le maître
d'hôtel, précédé de l'huissier de salle qui tient la
baguette en main et qui tient encore le soir le
flambeau devant lui., va avertir le Roy : ce maître d'hôtel portant pour marque son bâton. Et
Sa Majesté étant arrivée à la table, le maître d'hôtel
présente au Roy la serviette mouillée à laver, dont
il a fait faire l'essay à l'officier du Goblet en la
prenant de ses mains. Voilà pour le premier service.

Le gentilhomme servant qui fait le prêts conti-
nuë de faire faire l'essay aux officiers de la Bouche
et du Goblet de tout ce qu'ils apportent à chaque
service, que les autres gentilshommes servants
viennent prendre pour le servir devant Sa Majesté
quand elle l'ordonne.

Celui qui sert d'échanson, lorsque le Roy a
demandé à boire, aussi-tôt crie tout haut : *A boire
pour le Roy!* fait la révérence à Sa Majesté, vient
au buffet prendre des mains du chef d'échansone-
rie-bouche là soucoupe d'or garnie du verre couvert
et les deux caraffes de crystal pleines de vin et
d'eau, puis revient précédé du chef et suivi de
l'aide du Goblet-échansonnerie-bouche. Alors, étant
tous trois arrivez à la table du Roy, ils font la révérence devant Sa Majesté; le chef se range de côté,

et le gentilhomme servant verse des caraffes un peu
de vin et d'eau dans l'essay ou petite tasse de vermeil
doré que tient le chef du Goblet. Ensuite ce chef
du Goblet reverse la moitié de ce qui luy a été
versé, dans l'autre essay ou petite tasse de vermeil
qui luy est présenté par son aide. Pour lors, ce
même chef du Goblet fait l'essay, et le gentilhomme
servant se tournant vers le Roy le fait après, aïant
remis entre les mains dudit chef du Goblet la
tasse dans laquelle il a fait l'essay : et ce chef les
rend toutes deux à l'aide. Vous remarquerez que
ces deux petites tasses sont aussi appelées des *essays*.
L'essay fait à la vue du Roy de cette sorte, le gentilhomme servant fait encore la révérence devant
Sa Majesté, lui découvre le verre et lui présente en
même temps la soucoupe où sont les carafes. Le
Roy se sert lui-même le vin et l'eau; puis aiant bu
et remis le verre sur la soucoupe, le gentilhomme
servant reprend la soucoupe avec ce qui est dessus,
recouvre le verre, fait encore la révérence devant
le Roy, ensuite il rend le tout au même chef
d'échansonnerie-bouche, qui le reporte au buffet.

Lorsque la nef est posée sur la même table où
Sa Majesté mange, après que le Roy a demandé à
boire, le gentilhomme servant précédé d'un garde
va au buffet prendre la soucoupe et le verre comme
ci-dessus.

Si la nef étoit placée sur la même table où le
Roy mange, toutes les fois qu'il faudroit changer
de serviette à Sa Majesté, après que l'aumônier
auroit découvert la nef un gentilhomme servant
léveroit le coussinet de senteur dont elles sont

couvertes, pour donner la liberté à un autre gentilhomme servant ; puis ce premier gentilhomme servant remettroit le coussinet, et l'aumônier servant recouvriroit cette nef.

Celui qui fait la fonction d'écuier tranchant, aiant lavé ses mains et pris sa place devant la table, comme il est dit, présente et découvre tous les plats au Roy, et les relève quand Sa Majesté lui dit ou lui fait signe, et les donne au Ser-d'eau ou à ses aides. Il change d'assiettes au Roy de temps en temps et de serviette à l'entremets, ou plus souvent s'il en étoit besoin, et coupe les viandes, à moins que le Roy ne les coupe lui-même.

·A la fin du repas, la seconde serviette mouillée ou à laver est présentée au Roy par le gentilhomme servant qui a fait le prêts[1].

Toutes les actions du souverain étaient alors

[1] Tome I, p. 69 et suiv.

Il est curieux de comparer ce cérémonial avec celui qu'adopta Napoléon en 1808. On lit dans l'*Étiquette du palais impérial* (titre V, chap. I) :

« Lorsque LL. MM. veulent manger en grand couvert, la table est placée sur une estrade et sous un dais avec deux fauteuils ; les portes de la salle où elle est placée sont tenues par des huissiers.

Le grand Maréchal du Palais prend les ordres de LL. MM. pour le moment du service, et les transmet au premier Préfet, qui veille à leur exécution.

Le Préfet envoie lui-même à l'office et à la cuisine, et il en fait apporter en ordre tout ce qui est nécessaire pour le service de LL. MM. Il le fait placer sur la table en sa présence.

Le couvert de l'Empereur est placé à droite, celui de l'Impératrice à gauche ; la nef et le cadenas de l'Empereur

soumises à un cérémonial aussi compliqué
que celui qui régissait ses repas. Depuis le
moment où il ouvrait les yeux le matin dans
son lit, jusqu'à l'heure où il s'y étendait pour
dormir, ce maître absolu n'avait pas un instant
de liberté. Gai ou triste, bien portant ou ma-

à droite de son couvert, la nef et le cadenas de l'Impératrice
à la gauche de son couvert, sur la table même.

Lorsque tout est prêt, le premier Préfet en avertit le
grand Maréchal du Palais, qui en prévient LL. MM.

LL. MM. se rendent dans la salle où le repas est préparé
dans l'ordre suivant :

Les Pages de service ;

Un Aide des cérémonies ;

Les Préfets de service ;

Le premier Préfet et un Maître des cérémonies ;

Le grand Maréchal du Palais et le grand Maître des cérémonies ;

L'Impératrice ;

Son premier Écuyer et son premier Chambellan ;

L'Empereur ;

Le Colonel général de service, le grand Chambellan et le
grand Écuyer ;

Le grand Aumônier.

LL. MM. étant arrivées à la table, le grand Chambellan
présente à laver à l'Empereur ;

Le grand Écuyer lui offre le fauteuil ;

Le grand Maréchal du Palais prend une serviette dans la
nef et la présente à S. M. ;

Le premier Préfet, le premier Écuyer et le premier
Chambellan de l'Impératrice remplissent les mêmes fonctions près de S. M. ;

Le grand Aumônier vient sur le devant de la table, bénit
le dîner et se retire.

Pendant le repas, le Colonel général de service est placé

lade, l'étiquette, autorité despotique à laquelle il devait obéissance, se dressait à ses côtés.

Bien des gens se figurent qu'elle a été créée de toutes pièces par Louis XIV; quelques auteurs veulent bien, il est vrai, en reculer l'origine jusqu'à François Ier, à qui ils font en vérité trop d'honneur. Dès le règne de Charles VII, de nombreuses prescriptions, constituant un code fort détaillé de l'étiquette et des préséances, étaient rigoureusement observées. Une grande dame, Aliénor de Poitiers, vicomtesse de Furnes, allait même mettre par écrit tous ces préceptes, qui, dit-elle, « ont esté si

derrière le fauteuil de l'Empereur; à la droite du Colonel général, le grand Chambellan; à la gauche le grand Écuyer;

A la droite, derrière le fauteuil de l'Impératrice, son premier Écuyer, à la gauche son premier Chambellan; un des Préfets de service est à la droite du premier Écuyer.

Le grand Maréchal du Palais est placé à la droite de la table; un peu en arrière à sa droite le premier Préfet, ensuite le Préfet de service.

Le grand Maître des cérémonies est placé à la gauche de la table; un peu en arrière de lui, à sa gauche, le Maître des cérémonies; ensuite l'Aide des cérémonies.

Les Pages font le service.

Les carafes d'eau et de vin à l'usage de LL. MM. sont placées sur un plat d'or, le verre sur un autre plat et à la droite de leurs couverts.

Lorsque l'Empereur demande à boire, le premier Préfet verse l'eau et le vin dans le verre, qui est offert à S. M. par le grand Maréchal...

Le grand Chambellan fait verser devant lui le café dans

bien ordonnez et débatus en la cour des Roys et
Roynes par les Princes et Nobles, aussi par les
Hérauts et Roys d'armes, que nul depuis n'a
sceu ne deu différer à les garder. » Aliénor
rédigeait *Les honneurs de la cour* entre 1484
et 1491, mais elle invoque sans cesse le témoi-
gnage de sa mère et d'autres personnages qui
vécurent dans les premières années du quinzième siècle. Elle nous apprend aussi qu'avant
1429, Jeanne d'Harcourt, comtesse de Namur, était renommée pour « la plus sçachante
de tous estats que dame qui fut au royaume

la tasse destinée à l'Empereur ; un Page la lui remet sur un
plat d'or, et il l'offre à S. M...

LL. MM. sont reconduites dans le même ordre qu'elles
sont venues.

Si dans la salle où mangent LL. MM., il est servi d'autres
tables, le service en est fait par les Maîtres d'hôtel et la livrée.

RÈGLES GÉNÉRALES POUR TOUS LES REPAS.

Tout ce qui est nécessaire pour le service de la table est
apporté par la livrée, et conduit par les Maîtres d'hôtel,
Chefs d'office, Sommelier, qui doivent le poser eux-mêmes.

Le service de la cuisine et celui de l'office sont apportés
couverts, ainsi que l'eau, le pain et le vin.

Dès que la table est posée, qu'elle soit servie ou non, un
Maître d'hôtel doit toujours être auprès, et ne plus la
quitter jusqu'à ce que LL. MM. aient pris place.

On pose une serviette sur la nappe, à la place où doit
être mis le couvert de l'Empereur et celui de l'Impératrice.
Cette serviette doit tomber de la moitié de sa longueur au
moins, de manière à pouvoir être rejetée sur le couvert
lorsqu'il est placé, et le couvrir tout à fait. »

de France, et avoit un grand livre où tout
estoit escript [1], » livre dont Aliénor reconnaît
s'être inspirée, et qui n'a pas été retrouvé.

En 1445, la duchesse de Bourgogne [2] vint
rendre visite à la reine de France. Elle était
accompagnée du duc de Bourbon, son *beau
neveu* [3], et de plusieurs gentilshommes. Arrivée près de la chambre de la reine, elle s'ar-
rêta et envoya Jean de Créquy [4], son chevalier
d'honneur, demander à la souveraine si elle

[1] Aliénor, p. 154.

[2] Isabelle, fille du roi de Portugal. Elle avait épousé
Philippe le Bon en 1429.

[3] Les épithètes *beau, belle* mises devant les titres de
parenté ne se donnèrent d'abord qu'aux personnes de sang
royal ou appartenant à la haute noblesse. Aliénor (voy.
p. 212) semble indiquer qu'elles s'employaient seulement
de supérieur à inférieur, et impliquaient une sorte de familiarité. Néanmoins, dans une pièce du treizième siècle à
laquelle j'ai fait ailleurs de nombreux emprunts, *Le castoie-
ment que li père ensaigne à son filz,* ce dernier se sert toujours des expressions *beau père* ou *beau très doux père.* On
s'adressait même ainsi à Dieu, que l'on tutoyait; voici, par
exemple, le commencement d'une prière qui nous a été
conservée dans *Le ménagier de Paris* (t. I, p. 11) : « Beau
sire Dieu tout-puissant et père pardurable (*éternel*), qui
m'as donné parvenir au commencement de ceste journée,
garde moy, etc. » Saint Louis disait également à Dieu :
« Biaus sire Diex, je léveray m'âme à toy. » (Joinville,
édit. de 1768, p. 25.) Il me semble résulter de tout ceci
que le mot beau pris dans cette acception correspondait à
peu près à notre mot *cher.*

[4] Il avait la Toison d'or.

daignerait la recevoir. Jean de Créquy ayant rapporté une réponse favorable, la duchesse prit elle-même la queue de sa robe, mais en entrant elle la laissa traîner sur le sol. Elle « s'agenouilla ensuite bien près de terre [1], » marcha jusqu'au milieu de la chambre, s'agenouilla de nouveau, « puis recommença à marcher toujours vers la Royne, laquelle estoit toute droite; » la duchesse s'agenouilla une troisième fois, et la reine fit alors trois pas vers elle, lui mit une main sur l'épaule, l'embrassa et la fit lever [2]. Je ne sache pas que Louis XIV ait jamais inventé beaucoup mieux que cela. Et encore n'ai-je pas tout dit, car la malheureuse duchesse, fille de roi, dut encore s'agenouiller devant la Dauphine, qui était près de sa mère.

La reine seule avait droit à tant de génuflexions; pour les autres personnes de la cour, le cérémonial était moins compliqué, mais tout aussi inflexible. S'il fallait suppléer à son silence ou à son obscurité, on ne l'interprétait qu'après mûres réflexions. Mademoiselle de Penthièvre, de la maison des ducs de Bourgogne, devant se rencontrer avec madame de

[1] Ce n'était donc qu'une humble révérence.
[2] Aliénor, p. 155.

Charolois, « on tint conseil » pour savoir quelles formalités observeraient chacune d'elles. Il fut arrêté que mademoiselle de Penthièvre, après son entrée dans la pièce, ferait deux révérences, et que madame de Charolois avancerait alors de trois pas au-devant d'elle [1]. Le traité d'Aliénor est rempli de faits semblables.

Dès le règne de Henri II, on voit commencer la décadence de l'étiquette. Pourtant, elle n'a pas encore désarmé; voyez : « Le Roi étant éveillé, sa chemise lui est apportée. Lors, tous les grands et la plupart de la noblesse entrent pour le saluer, sa chemise prise, qui lui est baillée par le premier et plus grand des princes qui se trouvent là [2]... »

Henri III obéit le moins qu'il peut à un cérémonial dont il supporte impatiemment la tyrannie, mais il se heurte bientôt à une autre. Son entourage n'étant contenu ni par le respect ni par l'étiquette, l'obsède de ses familiarités. Le roi voudrait bien qu'on le laissât manger tranquille; mais on se presse autour de lui, on s'appuie sur son siège, on

---

[1] Aliénor, p. 151.

[2] *Mémoires sur la cour de Henri II*, dans la *Revue rétrospective*, t. IV (1834), p. 8.

l'assourdit de propos grivois : « Veult Sa Majesté, qu'Elle estant à table, l'on se tienne un peu loing d'Elle, afin qu'Elle ne soit pressée ; et que nul ne s'appuye sur sa chaise que le capitaine des gardes qui sera en quartier. Lequel sera appuyé sur le costé droit de ladicte chaise, et un des gentilzhommes de la chambre, qui sera aussy en quartier, sur l'autre costé [1]... Sa Majesté désirant manger en repos et se garder de l'importunité qu'Elle reçoit durant ses repas, défend désormais qu'en ses disners et souppers personne ne parle à Elle que tout hault et de propos communs et dignes de la présence de Sadicte Majesté. Et se tiendra chacun qui y assistera assez loing de sa table : et s'il y a des barrières au lieu où elle mangera, n'entrera en icelles [2]. »

Quand Jacques Clément, porteur d'une lettre pour le roi, se présente au palais, il est aussitôt admis auprès de Henri, qui venant de se lever, était encore assis sur sa chaise percée, une robe de chambre jetée sur ses épaules [3].

---

[1] Règlement d'août 1578, dans Douët-d'Arcq, *Comptes de l'hôtel*, p. 7.

[2] Règlement de janvier 1585, dans Douët-d'Arcq, p. 8.

[3] Lestoile, *Journal de Henri III*, 1ᵉʳ août 1589.

L'accès des résidences royales est plus facile encore sous Henri IV. Les épousées de village viennent y danser le jour de leurs noces ; les merciers, les porte-paniers y entrent pour débiter leurs marchandises, les musiciens ambulants pour y racler leurs instruments, des mendiants pour y demander l'aumône. Pendant les années qui suivirent la naissance du petit Louis XIII, une véritable procession assiège le château de Saint-Germain. Ce sont des seigneurs avides de contempler leur futur roi ; ce sont aussi des gens appartenant aux plus basses classes de la société : ils veulent voir le Dauphin dans son berceau ou dans les bras de sa nourrice. Tous sont accueillis, jusqu'à une vieille revendeuse à moitié folle, qui se prend à danser devant lui. Héroard, médecin du petit prince, nous révèle ce fait et une foule d'autres identiques :

Le lundi 27 *mai* 1602. Il arrive une vieille femme de Paris, comme une revendeuse. Elle pleure en le voyant, l'appelle « Mon fils, la petite courte à sa mère, » et puis s'est prise à danser devant lui.

Le mercredi 3 *août* 1605. A dîner, il mange sans dire mot et comme transporté de joie d'ouïr jouer un flageolet d'un estropié que l'on nommoit cul-de-jatte, lequel après avoir joué long temps et deux violons avec lui, lui va dire d'une voix rude :

« Monsieur, buvez à nous. » Il devient rouge, disant soudain : « Je veux qu'il s'en aille, je veux qu'il s'en aille, maman. » Je lui dis : « Monsieur, il est un pauvre, il ne les faut pas chasser. — Il ne faut pas que les pauvres viennent ici. — Monsieur, non pas tous, oui bien ceux qui vous font jouer comme lui. — Qu'il aille donc jouer là-bas. »

Le mercredi 12 *mars* 1608. Éveillé à sept heures et demie, il s'amuse dans son lit. Quatre grands garçons et portefaix, qui avoient aidé à transporter les meubles et bagages à Fontainebleau, viennent le supplier de leur donner quelque chose ; il les regarde, puis demande : « Où est mamanga ? »

Le lundi 14 *avril* 1608. Il trouve sur la terrasse près de sa chambre un petit mercier, achète demi-douzaine de verres blancs.

Le jeudi 25 *septembre* 1608. Le roi est parti à cinq heures après minuit. Le Dauphin rencontre un porte-panier qu'il fait venir en sa chambre, achète une horloge de sable[1], une paire de couteaux et la gaîne.

Le 10 *octobre* 1608. Il vient un mercier qui portoit des besognes d'ambre jaune : il avoit un cordon incarnat avec des grains d'ambre entre deux. Il l'essaye à son chapeau, et dit gaiement : « Il est bon à mettre à mon chapeau, combien en voulez-vous ? »

Quoiqu'on en ait dit, Louis XIV ne se montra guère moins débonnaire que son aïeul. L'imposante étiquette établie à la cour pesait

---

[1] Un sablier.

sur les seuls courtisans, et il n'était guère difficile au petit peuple de parvenir jusqu'à ce
demi-dieu dont les grands seigneurs se dispu-
taient un regard. Un jour, on lui vole sous
son lit son pot de chambre d'argent [1]. Dans
son jardin, il laisse entrer tout le monde ; l'af-
fluence du populaire y devint même si génante,
il s'y permit tant d'indiscrétions qu'on se
décida, en avril 1685, à « n'y plus laisser
pénétrer que la cour ; la canaille, dit Dangeau [2], avait gâté beaucoup de statues. »

Pour suppléer au prestige qui leur man-
quait, les successeurs du grand roi exagérèrent
les minuties de l'étiquette. Voici, par exemple,
comment les choses se passaient à la cour de
Louis XVI, plus formaliste encore que celle
de Louis XIV, lors de la présentation d'une
dame à la cour :

La présentation des femmes consistoit, après les
preuves [3] faites et examinées par le généalogiste de
la cour, à être présentées publiquement en cérémonie, en *grand habit* de cour par une femme déjà
présentée.

Le roi et la famille royale donnaient leur heure et
leur jour : c'étoit toujours un dimanche.

---

[1] *L'art de plumer la poule sans crier*, 8ᵉ aventure, p. 89.
[2] *Journal*, 13 avril 1685, t. I, p. 153.
[3] De noblesse.

La veille de la présentation, la présentée alloit à Versailles avec celle qui devoit la présenter, faire des visites à tout ce que l'on appeloit *les honneurs* : c'étoit la dame d'honneur et la dame d'atours de la reine, et celles de Mesdames et des princesses ses belles-sœurs. On y retournoit encore le lendemain.

On avoit pris des leçons de révérences pour la présentation. On avoit un énorme panier, une queue qui pouvoit se détacher, afin qu'on put l'ôter quand on rentroit chez soi : cette queue s'appeloit *bas de robe*. Elle étoit assez étroite et d'une longueur démesurée; il falloit vingt ou vingt-deux aunes d'étoffes pour faire un grand habit[1], sans garniture.

La présentée faisoit une révérence à la porte, ensuite quelques pas et une seconde révérence, et une troisième près de la reine. Alors elle ôtait le gant de sa main droite, se penchoit et saisissoit le bas de la jupe de la reine pour le baiser; la reine l'empêchoit de le prendre en retirant sa jupe, et en se retirant un peu elle-même : l'hommage étoit rendu, on en restoit là. La reine disoit quelques phrases obligeantes, ensuite elle faisoit une révérence, ce qui signifioit qu'il falloit se retirer, ce qu'on faisoit à reculons, malgré la grande queue, qu'on poussait adroitement en faisant la révérence d'adieu.

Si la présentée étoit duchesse, elle ne faisoit point

---

[1] Après tout, une petite bourgeoise emploie bien aujourd'hui vingt à vingt-deux mètres de soie pour une robe de cérémonie.

l'humiliante démonstration du baisement de bas de robe : elle étoit *saluée* par la reine et les princesses. On appeloit *saluer en présentation,* l'honneur de présenter sa joue droite à la reine, qui sur cette joue appliquoit légèrement la sienne [1].

Eh bien! dans le temps où l'on soumettait à un aussi pénible cérémonial même les duchesses, le peuple parcourait comme il voulait tout le château, et visitait jusqu'à la chambre à coucher du souverain. Le voyageur Arthur Young écrivait dans son *Journal*, à la date du 10 octobre 1787 :

Versailles encore une fois. En parcourant l'appartement que le roi venait de quitter depuis un quart d'heure à peine, et qui portait les traces du léger désordre causé par son séjour, je m'amusais de voir les figures de vauriens circulant sans contrôle dans le palais, jusque dans la chambre à coucher, d'hommes dont les haillons accusaient le dernier degré de misère. Et cependant j'étais seul à m'ébahir et à me demander comment diable ils s'étaient introduits [2].

Young ajoute fort justement : « Il est impossible de n'être pas touché de cet abandon négligent, de cette absence de tout soupçon. »

[1] Comtesse de Genlis, *Dictionnaire des étiquettes de la Cour,* t. II, p. 72.
[2] *Voyage en France,* trad. Lesage, t. I, p. 125.

LE DINER DE LOUIS XIII

D'après une gravure publiée en 1643.

Les dîners en public, auxquels il me faut revenir, étaient aussi une tradition ancienne à la cour de France. L'ambassadeur vénitien Lippomano le constatait en ces termes[1] : « Pendant le dîner du roi, presque tout le monde peut s'approcher de lui et lui parler comme on ferait à un simple particulier[2]. » Sous Louis XV et sous Louis XVI, le roi, la reine et tous les membres de la famille royale dînaient très souvent en public. Les gardes admettaient tout le monde, mais il était interdit de stationner: Entré par une porte, on sortait par une autre, après avoir décrit dans une marche rapide un quart de cercle autour de la table royale. « Ces jours-là, dit madame Campan, les huissiers laissoient entrer tous les gens proprement mis. A l'heure des dîners, on ne rencontroit dans les escaliers que de braves gens qui, après avoir vu la Dauphine manger sa soupe, alloient voir les princes manger leur bouilli, et qui couroient ensuite à perte d'haleine pour aller voir Mesdames manger leur dessert. Ce spectacle faisoit le bonheur des provinciaux[3]. »

---

[1] En 1577.
[2] *Relations des ambassadeurs vénitiens*, t. II, p. 567.
[3] *Mémoires*, t. I, p. 101.

Je le crois sans peine. Mais il ne faisait guère celui des pauvres princesses obligées de se soumettre à un si ennuyeux cérémonial. Je sais bien qu'une rangée de courtisans les entourait, leur dérobant autant que possible la vue de la foule qui se pressait derrière eux; il n'en fallait pas moins, comme le dit madame Campan, « avoir pris dès l'enfance l'habitude de manger ainsi, pour que tant d'yeux inconnus dirigés sur vous n'ôtassent pas l'appétit. » Casanova, qui assista, en curieux privilégié, à un de ces repas, nous le dépeint ainsi :

J'arrive dans une salle superbe, où je vois une dizaine de courtisans qui se promenaient, et une table d'au moins douze couverts, qui cependant n'était préparée que pour une seule personne.

— Pour qui est ce couvert?

— Pour la reine. La voilà qui vient.

Je vois la reine de France, sans rouge, simplement vêtue, la tête couverte d'un grand bonnet, ayant l'air vieux et la mine dévote. Dès qu'elle fut près de la table, elle remercia gracieusement deux nonnes qui y déposaient une assiette avec du beurre frais. Elle s'assit, et aussitôt les douze courtisans se placèrent en demi-cercle à dix pas de la table. Je me tins auprès d'eux, imitant leur respectueux silence. Sa Majesté commença à manger, sans regarder personne, tenant les yeux baissés sur son assiette. Ayant trouvé bon un mets qu'on lui avait servi, elle y revint, et alors elle parcourut des yeux le cercle devant elle, sans doute pour voir si dans le nombre de ses observateurs il n'y avait pas quelqu'un à qui elle dût compte de sa friandise. Elle le trouva, et dit :

— M. de Lowendal !

A ce nom, je vois un superbe homme qui s'avance en inclinant la tête, et qui dit : Madame !

— Je crois que ce ragoût est une fricassée de poulets.

— Je suis de cet avis, madame.

Après cette réponse faite du ton le plus sérieux, la reine continue à manger, et le maréchal reprend sa place à reculons. La reine acheva de dîner sans dire un mot de plus [1].

Je doute que ces repas aient contribué à répandre en France l'habitude de l'aimable abandon et le goût de la fine conversation dont les étrangers nous faisaient honneur. Il est vrai qu'il s'agit ici de Marie Leszcinska, princesse plus pieuse que spirituelle, mais je ne vois pas que l'on s'en tirât beaucoup mieux autour d'elle. Il est vrai, cependant, que Louis XV faisait l'admiration des badauds par l'adresse avec laquelle il ouvrait un œuf à la coque d'un coup de fourchette [2].

---

[1] *Mémoires*, édit. de 1833, t. III, p. 228; édit. de 1863, t. II, p. 201. — La cour résidait alors à Fontainebleau.

[2] Madame Campan, *Mémoires*, t. I, p. 16.

Marie Leszcinska dînait tous les jours en public. Elle s'imposait cette obligation comme bien d'autres du même genre que la royauté se faisait alors un devoir de remplir avec une patience vraiment édifiante. Aux veilles des fêtes solennelles, on vit Louis XIV toucher en une séance jusqu'à quinze cents malades des écrouelles. Les braves gens ne s'en portaient pas mieux, il est vrai; mais ils s'en retournaient pleins d'espérance, et heureux d'avoir vu leur roi, d'avoir senti sa main se poser sur leur front. Le jeudi saint de chaque année, le roi lavait les pieds à des enfants pauvres. On en choisissait treize, et le souverain accompagné d'une suite nombreuse allait à chacun, lui versait de l'eau sur les pieds, les essuyait, les baisait; puis un bon dîner était préparé, et c'était le roi qui servait les enfants.. De son côté, la reine, une serviette nouée autour de la taille, lavait les pieds à treize pauvres filles [1].

Marie-Antoinette, tant qu'elle fut Dauphine, imita Marie Leszcinska. Elle voulut ensuite se soustraire à une si tyrannique exigence, et décida que ces repas auraient lieu

[1] Je reviendrai sur tout ceci dans le volume consacré aux médicaments. .

seulement une fois par semaine. Chaque dimanche, dans la pièce qui précédait sa chambre, on dressait une table de deux couverts, où elle prenait place avec le roi. « Les dames titrées s'asseyoient sur des pliants placés aux deux côtés de la table ; les dames non titrées restoient debout autour de la table. Le capitaine des gardes, le premier gentilhomme de la chambre étaient derrière le fauteuil du Roi ; derrière celui de la reine, son premier maître d'hôtel, son chevalier d'honneur, le premier écuyer. Le maître d'hôtel de la reine tenoit un grand bâton de six à sept pieds de hauteur, orné de fleurs de lis en or et surmonté de fleurs de lis en couronne. Il entroit dans la chambre avec ce signe de sa charge pour annoncer que la reine étoit servie. Le contrôleur lui remettoit le menu du dîner. Le prince le plus près de la couronne présentoit à laver les mains au roi, au moment où il alloit se mettre à table ; une princesse rendoit les mêmes devoirs à la reine [1]. »

Arthur Young assista à un de ces repas, en 1787, et l'impression qui lui en resta ne diffère guère de celle qu'avait ressentie Casa-

---

[1] Madame Campan, *Mémoires*, t. I, p. 315.

nova sous le règne précédent. « Le dîner du roi en public, écrivait-il, a plus de singularité que de magnificence. La reine s'assit devant un couvert, mais ne mangea rien ; elle causait avec le duc d'Orléans et le duc de Liancourt qui se tenaient derrière sa chaise. C'eût été pour moi un très mauvais repas, et si j'étais souverain, je balayerais les trois quarts de ces formalités[1]. » Marie-Antoinette était tout à fait de cet avis, car elle ne put jamais s'habituer à manger ainsi en public. Elle touchait aux mets du bout des lèvres, et dînait ensuite dans ses appartements. Quant à Louis XVI, sa bonne humeur et son vigoureux appétit émerveillaient tous les assistants[2].

C'est sous le règne de Louis XIV qu'apparurent les premiers livres de cuisine vraiment sérieux. C'est seulement aussi vers la fin de ce règne que l'on eut l'idée de produire des primeurs, et le premier légume auquel on fit cet honneur est le petit pois.

De tout temps, les petits pois avaient été en grande estime à Paris. Déjà, au treizième siècle, on criait dans les rues des « pois en

[1] *Voyage en France*, t. I, p. 19.
[2] Comte d'Hezecques, *Souvenirs d'un page*, p. 197.

cosse » et des « pois chaus pilez[1]; » et Bruye-
rin Champier, qui écrivait au seizième siècle,
cite les pois au lard, *pisa ex lardo,* comme un
mets digne des rois[2]. Loret, racontant en
1655 un festin offert à Louis XIV par le duc
de Danville, mentionne tout particulièrement
les petits pois qui y furent servis. Il est vrai
que l'on était alors au milieu de mai :

M. le noble duc Damville,
A faire des festins habile,
Et qui tient un illustre rang
Entre ceux dont le cœur est franc,
Traita notre Sire, dimanche,
Sur une belle nappe blanche,
D'un grand nombre de mets divers,
Et sur-tout de fort bons pois verts,
Accommodez par excellence[3].

Audiger, un célèbre maître d'hôtel qui fut
attaché à de grandes maisons, raconte que
passant à Gênes au mois de janvier 1660, il
vit dans les champs « d'incomparables petits
pois en cosse. » Il en remplit une caisse, qu'il
joignit à ses bagages. Étaient-ils bien frais en
arrivant à Paris quinze jours après? C'est dou-
teux. Et pourtant, leur vue excita une telle

[1] Guillaume de la Villeneuve, *Les crieries de Paris,* dans
L'annonce et la réclame, p. 135 et 142.
[2] *De re cibaria* [1560], p. 433.
[3] *Muze historique,* n° du 15 mai 1655.

admiration, qu'Audiger obtint aussitôt l'entrée du Louvre, et fut admis à présenter au roi ce merveilleux régal. Laissons-le parler :

Je partis en poste de Rome, après y avoir demeuré quatorze mois, pour m'en revenir en France, et cela au commencement du mois de janvier de l'année 1660. En passant entre Gennes et Florence, ayant vû dans les champs de fort beaux pois en cosse, et approchant de Gennes en ayant trouvé d'incomparablement plus beaux, la curiosité me porta à en marchander et à en faire cueillir, si bien que les païsans à qui c'estoit m'en apportèrent deux paniers à Gennes, avec quantité de boutons de roses dont tout le tour de leur champ estoit garni. Aussitost je fis préparer une quaisse et les y accommoday avec de certaines herbes que ces païsans m'avoient aussi apporté pour les tenir plus fraîchement, et avec les roses, qui n'étoient pas moins curieuses pour la saison. Cela fait, je repris la poste, et fis apporter la quaisse avec moy jusques à Paris, où j'arrivay le seizième du mesme mois de janvier.

Et le jeudy ensuivant, qui estoit le dix-huit, j'eus l'honneur de la présenter au Roy, par le moyen de Monsieur Bontems [1], qui pour cet effet, me fit la grâce de me mener luy-mesme au vieux Louvre. Sa Majesté se trouva pour lors accompagnée de Monsieur, de Monsieur le Comte de Soissons, de Monsieur le Duc de Créquy, de Monsieur

---

[1] Premier valet de chambre du roi.

le Maréchal de Grammont, du Comte de Noailles, du Marquis de Vardes, du Comte de Moret et de plusieurs autres Seigneurs de la Cour, qui tous, d'une commune voix, s'écrièrent que rien n'estoit plus beau et plus nouveau, et que jamais en France on n'avoit rien vû de pareil pour la saison. Monsieur le comte de Soissons prit mesme une poignée de pois qu'il écossa en présence de Sa Majesté, et qui se trouvèrent aussi frais que si on fust venu de les cueillir.

Sa Majesté ayant eu la bonté de m'en témoigner sa satisfaction, m'ordonna de les porter au sieur Baudouin, controlleur de la bouche, et de luy dire d'en donner pour faire un petit plat pour la Reine mère, un pour la Reine, un pour Monsieur le Cardinal, et qu'on luy conservast le reste, et que Monsieur en mangeroit avec Elle. En mesme temps, Sa Majesté ordonna aussi à Monsieur Bontems de me donner un présent en argent; mais je le remerciay [1]...

En 1661, année de la mort de Mazarin, Boileau voulant peindre le désespoir d'un gourmand qui regrette d'avoir accepté un mauvais dîner, lui fait dire :

Je consens de bon cœur, pour punir ma folie,
Que tous les vins pour moi deviennent vins de Brie,
Qu'à Paris le gibier manque tous les hivers,
Et qu'à peine au mois d'août l'on mange les pois verts [2].

[1] *La maison réglée*, p. 167.
[2] *Satire III*, vers 233 et suiv.

Quatre ans après, on payait encore les petits
pois nouveaux jusqu'à cênt francs le litron, et
ce passage d'une comédie écrite en 1665, nous
prouve que l'on cherchait alors, à force de
fumier, à s'en procurer de hâtifs :

LÉANDRE.

Et des pois verds nouveaux, en mange-t-il?

CLIDAMANT.

Luy, bon !

Il n'en mange jamais qu'à cinq sols le litron.

ORONTE.

Les nouveautez chez luy n'estans pas en usage,
Par là, mon cher marquis, il fait voir qu'il est sage.

CLIDAMANT.

Ceux qui les mangent chers passent donc pour des fous?

ORONTE.

Je crois qu'ils valent moins à cent francs qu'à cinq sous.
Les pois précipitez naissent de pourriture,
Et l'art les fait venir plustost que la nature.

CLIDAMANT.

Deussent-ils dans mon corps se pourrir mille fois,
Je prétens en manger avant tous les bourgeois[1].

Et tout le monde partageait l'avis de Clidamant. *Le roman bourgeois*[2] parle d'un plat de
petits pois « qui avoient plus cousté que n'auroit fait la terre sur laquelle on en auroit
recueilly un muid[3]. »

[1] *Les costeaux ou les marquis frians*, sc. XI.
[2] Composé vers 1666.
[3] Edit. elzévirienne, p. 167.

Dé fait, on voyait alors « des personnes assez voluptueuses pour acheter des pois verds cinquante écus le litron[1], » prodigalité d'autant plus condamnable que l'art des jardiniers arrivait tout juste à produire ces fameux pois au mois de mai. Le 18 mai 1696, madame de Maintenon écrivait au cardinal de Noailles :

A la cour, le chapitre des pois dure toujours. L'impatience d'en manger, le plaisir d'en avoir mangé et la joie d'en manger encore sont les trois points que nos princes traitent depuis quatre jours. Il y a des dames qui, après avoir soupé avec le Roi, et bien soupé, trouvent des pois chez elles pour manger avant de se coucher, au risque d'une indigestion. C'est une mode, une fureur, et l'une suit l'autre. Vous avez d'étranges brebis, monseigneur[2].

La passion que Louis XV avait pour les fraises donna un grand élan à cette culture. On réussit à acclimater les meilleures espèces connues en Europe, et l'on put en servir au roi presque toute l'année. Br. Champier, au seizième siècle, parle des fraises comme d'un fruit récemment transporté des bois dans les jar-

[1] Sandras de Courtilz, *Vie de Colbert* [1675], p. 174.
[2] *Lettres,* édit. de 1756, t. III, p. 52.

dins ; il ajoute que les femmes les mangeaient avec de la crème et du sucre, les hommes avec du vin[1]. Au dix-septième siècle encore, on n'en cultivait guère que six espèces.

[1] *De re cibaria,* p. 597.

V

LES CURE-DENTS.

Les cure-dents du roi Charles V. — Les curettes et les
aiguillettes. — Le bois de lentisque. — Le cure-dent de
Coligny. — Anne de Montmorency et le cardinal de Lorraine. — Les cure-dents de métal. — Le cyprès, le romarin et le myrte. — Les cure-dents de fenouil. — *Le
curieux impertinent* de Destouches.

Il est clair que le premier cure-dent fut
une brindille arrachée d'un arbre quelcon-
que. Les Romains donnaient la préférence au
bois de lentisque [1], et se contentaient souvent,
comme les Parisiens de 1891, d'un bout de
plume [2].

Parmi les innombrables objets que ven-
daient les merciers du quatorzième siècle, figurent les cure-oreilles et les cure-dents :

Escuretes et furgoeres [3],

et Charles V possédait quatre cure-dents pré-

---

[1] Martial, *Epigr.*, lib. III, ep. 82, et lib. VI, ep. 74.
[2] Martial, *Epigr.*, lib. XIV, ep. 22.
[3] *Le dit d'un mercier*, dans Crapelet, *Anciens monu-
mens*, etc., t. VIII, p. 153.

cieux, qui sont ainsi décrits dans l'inventaire dressé après sa mort :

Ung petit coutelet d'or à feurger dens, et la gayne esmaillée de France, pendant à ung petit lacet vermeil.

Ung petit coutelet d'or à façon de furgete à furger dens et à curer oreilles.

Je n'ai pas besoin de faire remarquer qu'il s'agit ici d'un instrument à deux branches.

Deux ongles à feurger dens, dont l'un est blanc et l'autre noir, garny d'argent esmaillé de France. Et pend chascun à un lasset de soye, où pend à chascun ung noyau[1] de perle[2].

On voit par cette citation que le cure-dent se conservait alors dans un étui ou était suspendu à un cordon; qu'il avait tantôt la forme d'un petit couteau, tantôt celle d'un ongle, disposition que nous avons conservée pour nos cure-oreilles; qu'enfin, le mot cure-dent n'était pas encore employé.

Charles V transmit ces trois objets à son fils, qui les conserva jusqu'à sa mort[3].

Au siècle suivant, apparaissent les noms de

[1] Bouton.

[2] J. Labarte, *Inventaire de Charles V,* n°ˢ 2798, 2828 et 2198.

[3] Voy. l'*Inventaire de Charles VI,* dans Douët-d'Arcq, *Pièces inédites,* t. II, n°ˢ 409, 410 et 532.

curette[1] et d'*aiguillette*. Mais ce dernier désigne un instrument d'aspect tout différent, une invention nouvelle : c'étaient des lacets de soie très fins que l'on se passait entre les dents après le repas[2].

Ce procédé paraît avoir eu peu de succès. On en revint bien vite au cure-dent classique, que l'on se borna à rajeunir en le sculptant de mille manières. Un galant, dont parle Martial d'Auvergne[3], avait reçu comme gage d'amour un fort beau cure-dent en argent doré, qui représentait « un pied de vaultour. »

Le mot cure-dent n'entre réellement dans la langue qu'au seizième siècle. Corrozet cite, parmi les objets qui doivent garnir *l'estuy de chambre*,

Le cure dent, le cure aureille[4].

Gargantua, après avoir mangé en salade les six pèlerins « fit apporter son curedens[5], » qui n'était autre qu'un tronc de lentisque[6].

[1] Du Cange, *Glossarium*, v° *Cureta*.
[2] « Pour la feurreure de deux latz de soye, en façon d'esguillectes à nettoier dens,' l'un pour Monseigneur, l'autre pour Madame. » Comte de Laborde, *Les ducs de Bourgogne*, Preuves, n° 6740, t. III, p. 355.
[3] *Arrêts d'amour*, édit. de 1731, t. I, p. 155.
[4] *Blasons domestiques*, édit. de 1865, p. 28.
[5] *Gargantua*, liv. I, chap. 38.
[6] *Gargantua*, liv. I, chap. 23.

Ce bois avait, en effet, repris faveur. Il passait pour « affermir les dents tremblantes [1], » et le magnifique Gargantua eût été impardonnable de ne pas lui donner la préférence, car, dit Ambroise Paré, « de Languedoc où tel bois est fréquent, on en apporte en Cour pour les seigneurs. »

Érasme, dans son traité de la civilité, recommande de ne pas se nettoyer les dents avec de l'urine, de ne pas se servir non plus d'un couteau ni d'une serviette, mais bien « d'un cure-dent de lentisque, d'une plume ou de petits os tirez des pieds des chappons et des poulles bouillies [2]. » Ce lentisque, espèce de pistachier qui n'est pas bon à grand'chose, avait si bien cette spécialité [3], que Robert Étienne, écrivant son *Dictionariolum puerorum,* définit ainsi le mot *lentiscus :* « lentisque dont on fait les curedens [4]. »

L'illustre Coligny, d'esprit prompt et d'hu-

[1] A. Paré, *OEuvres,* édit. de 1607, p. 1131.
[2] *De civilitate morum,* trad. Cl. Hardy, p. 21. — Le texte porte : « Sed vel lentisci cuspide, vel penna, vel ossiculis e gallorum aut gallinarum tibiis detractis. »
[3] Il la conserva jusqu'à la fin du dix-huitième siècle, car on lit dans le *Dictionnaire de Trévoux :* « Le bois de lentisque est astringent et fortifiant; il sert à faire des curedents. » Édit. de 1771, t. V, p. 473.
[4] Page 240

meur sombre, maniait sans cesse un cure-dent.
Il le mâchonnait, le logeait sur son oreille, le
piquait dans sa barbe ; aussi les Italiens
disaient-ils en manière de proverbe : *Dio mi*
guardia del bel gignetto del principe di Conde et
de l'animo et stecco del l'admiraglio ! C'est-à-
dire : « Dieu me garde de la douce façon et
gentille du prince de Condé [1] et de l'esprit et
curedent de l'admiral [2] ! »

Esprit et cure-dent n'étaient pas moins
redoutés des Français, mais comme ils crai-
gnaient encore trois autres choses, ils avaient
mis le tout en vers :

> De quatre choses Dieu nous gard :
> Des patenostres du vieillard,
> De la grand'main du cardinal,
> Du curedent de l'admiral,
> Et la messe de l'Hospital [3] !

Le vieillard, c'était le connétable Anne de
Montmorency, qui mourut en 1567 à l'âge
de soixante-quatorze ans. Sa famille avait
pour devise : *Dieu aide au premier baron chré-*
tien ! et ce n'est pas lui qu'on accusera d'avoir

---

[1] Louis de Bourbon, tué à la bataille de Jarnac.
[2] Brantôme, édit. Lalanne, t. IV, p. 339.
[3] Noël du Fail, *Contes d'Eutrapel*, édit. elzévir., t. II,
p. 130.

démérité. Et puis, il connaissait le prix du temps, et conciliait très bien les exigences de la dévotion avec les devoirs de sa charge :

Tous les matins, écrit Brantôme[1], il ne failloit de dire et entretenir ses patenostres, fût qu'il ne bougeast du logis, ou fût qu'il montast à cheval et allast par les champs aux armées. Parmy lesquelles on disoit qu'il se falloit garder des patenostres de M. le connestable, car en les disant et marmottant, lorsque les occasions se présentoient, il disoit : « Allez moy pendre un tel ; attachez cestuy-là à cet arbre ; faictes passer cestuy-là par les picques tout ast' heure ; taillez-moy en pièces tous ces marauts ; bruslez-moy ce village ; bouttez-moy le feu partout à quart de lieue à la ronde. » Et ainsy telz semblables motz de justice et pollice de guerre profféroit-il selon ses occurances, sans se desbaucher nullement de ses paters, jusqu'à ce qu'il les eust parachevez, pensant faire une grand' erreur s'il les eust remis à dire à un' autre heure, tant il y estoit conscientieux.

La grand'main du cardinal désigne l'influence du cardinal de Lorraine, qui ne passait pas pour être tendre. L'honnête chancelier de l'Hospital, trop tendre au contraire pour les huguenots, était soupçonné d'hérésie.

_____
[1] Tome III, p. 295.

M. Feuillet de Conches prétend qu'après la
Saint-Barthélemy, le corps de Coligny fut
exposé avec un cure-dent à la bouche [1]. Je
n'ai rencontré nulle part la confirmation de
ce fait. On sait que l'amiral fut pendu à
Montfaucon par les cuisses, car lorsqu'il y
arriva, la tête était coupée, et la populace
imbécile avait fait subir à son corps les plus
honteuses mutilations [2].

Nous savons que le petit François II possédait des cure-dents en or et en argent [3];
mais pour cet usage, l'emploi du métal était
déjà condamné. Sentence définitive. Joseph
Duchesne, médecin de Henri IV, n'a sur ce
point aucune hésitation : « Ayant disné,
écrit-il, faut laver la bouche avec vin tout
pur, et en après les mains avec de l'eau; et
curer ses dents, non avec le fer, ains avec
cure-dent de lentisque, romarin, ou tel autre
bois aromatique. Mais sur toutes choses, il fau-

---

[1] *Causeries d'un curieux*, t. II, p. 316.

[2] Voy. de Thou, lib. LII, t. III, p. 130. — La seule
pièce publiée en 1572, où je trouve mentionnée l'habitude
de Coligny, est *Le déluge des huguenots* (in-8°, p. 6). On y
rappelle que Montfaucon possède

    Ce grand Gaspar au curedent,
    Attaché par les piedz, sans teste.

Voy. A. Jal, *Dictionnaire critique*, p. 462.

dra rendre après les repas grâces à Dieu [1]. »
La Framboisière, médecin de Louis XIII, se
borne à déclarer que « les cure-dents doivent
être faits de lentisque, de myrthe, de romarin
ou de cyprès [2]. »

Dans la première moitié du dix-septième
siècle, le suprême bon ton consistait à prononcer la diphtongue *eu* en accentuant successivement les deux lettres, comme si elles
étaient séparées ; à donner à l'*o* le son *ou*, à
dire par exemple *chouse, Roume, lioune,* au
lieu de *chose, Rome, lionne* [3] ; à marcher sur la
pointe des pieds ; à branler la tête en parlant ;
à mâcher de l'anis confit, et à ronger sans cesse
un cure-dent [4]. Celui-ci devait être fait d'un
« bois qui ait quelque vertu astringente et de
bonne odeur, comme lentisque, bois de roze,
cyprès, rosmarin, ou myrte [5]. » Olivier de
Serres oublie le fenouil qui, dit Furetière [6], a
la propriété de « donner bonne bouche lors-

[1] *Le pourtraict de la santé,* p. 364.
[2] *OEuvres,* édit. de 1613, p. 204.
[3] Voy. Auvray, *Le banquet des muses* (1623), p. 159
et 231, et les *Lettres familières de Balzac à Chapelain,* liv. V,
p. 221, lettre du 20 janvier 1640.
[4] *Le courtisan à la mode* (1625), p. 2.
[5] Olivier de Serres, *Théâtre d'agriculture,* liv. VIII,
édit. de 1646, p. 819.
[6] *Dictionnaire étymologique,* t. II.

qu'on le mâche. » Tantôt on piquait les cure-
dents de fenouil dans des fruits confits placés
sur la table à portée de tous les convives ;
tantôt on leur offrait « des branches de fenouil
armées de cure-dents [1]. » Un peu plus tard,
on présenta les cure-dents dans une assiette
sur une serviette fine [2].

Le lentisque, le romarin et le fenouil ont
fait leur temps, et aujourd'hui, la plume ordinairement nous suffit. Nous avons renoncé
aussi à la manie de mordiller sans cesse un
cure-dent. Mais le dix-huitième siècle l'avait
conservée, et dans *Le curieux impertinent* de
Destouches, Crispin voulant imiter un petit-
maître pour plaire à Nérine, le dialogue suivant s'établit entre eux :

CRISPIN.

Pour être plus aimable,
Plus piquant, plus charmant, je vais me débrailler.
Tiens, remarque ces airs.

NÉRINE.

Ah ! qu'ils vous font briller !

CRISPIN.

La main dans la ceinture, un ou deux pas de danse,
Et puis du curedent l'aimable contenance.

[1] N. de Bonnefons, *Les délices de la campagne* (1655),
p. 178.
[2] *La civilité nouvelle* (1667), p. 37.

NÉRINE.

Que de raffinement!

CRISPIN.

Quand on veut plaire aux gens,
Il n'est rien de si beau que de curer ses dents[1].

[1] Acte II, scène 10.

ÉCLAIRCISSEMENTS

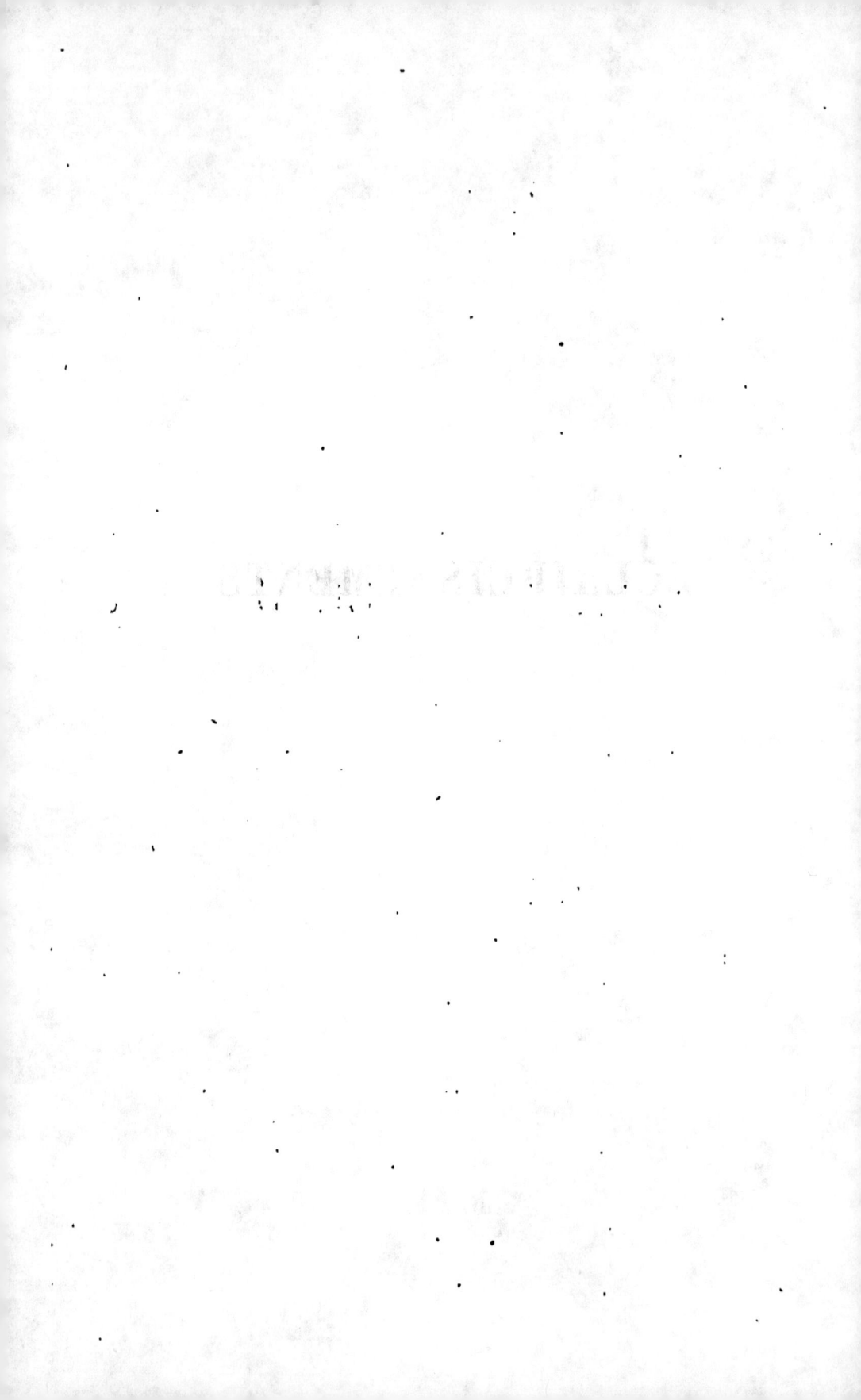

ÉCLAIRCISSEMENTS

I. Extrait du *Ménagier de Paris*. Année 1393. — II. *La plainte du caresme*. Année 1644. — III. Extrait du *Maistre d'hostel*, par Pierre David. Année 1659. — IV. Extrait de *La maison réglée*, par Audiger. Année 1692. — V. Un dîner à la Bastille au dix-huitième siècle. Extrait des *Mémoires* de Marmontel.

I

EXTRAIT DU
MÉNAGIER DE PARIS[1].
[Année 1393.]

Après ces choses, convient dire et parler d'aucuns termes généraulx qui regardent fait de queurie[2] en aucune qualité. Et après sera monstré à congnoistre et choisir les viandes desquelles l'en doit ouvrer comme il s'ensuit...

Il y a différence entre les queux[3] entre bou-

---

[1] Traité de morale et d'économie domestique, composé vers 1393, par un bourgeois parisien. — Sur cet ouvrage, voy. ci-dessus, p. 200, et *La cuisine*, p. 47, 52 et *passim*.

[2] Cuisine.

[3] Cuisiniers.

tonner et larder, car boutonner est de giroffle et larder est de lart.

Item. Des brochets, le laictié[1] vault mieulx que l'ouvé, se ce n'est quant l'en veult faire rissolles, pour ce que des œuvés l'en fait rissolles, *ut patet in tabula.* Des brochets, l'en dit lancerel, brochet, quarrel, lux et luceau[2].

Item. Aloze franche entre en mars en saison.

Item. Carpe doit estre très cuite, où autrement c'est péril de la mangier.

Item. Plais[3] sont doulces à applanier à la main, et lymandes au contraire.

Item. A Paris, les oyers[4] engressent leurs oies de farine, non mie la fleur ne le son, mais ce qui est entre deux, que l'en appelle les gruyaux ou recoppes[5]; et comme ils prennent de ces gruyaux ou recoppes, autant mettent-ils d'avoine avec, et meslent tout avec un petit peu d'eaue, et ce demeure ensemble espais comme paste. Et ceste viande mettent en une gouttière sur quatre piés, et d'autre part de l'eaue et lictière nouvelle chascun jour : et en quinze jours sont gras. Et nota que la lictière leur fait tenir leurs plumes nettes.

Item. Pour faisander chapons et gélines, il les convient saignier par la gueule, et incontinent les mettre et faire mourir en un scel d'eaue très froide :

---

[1] La laite.
[2] Ce sont les noms donnés au brochet suivant sa taille.
[3] Plies.
[4] Rôtisseurs.
[5] La recoupe.

et il sera faisandé ce jour mesmes comme de deux jours tués.

Item. L'en congnoist les jeunes malars[1] des viels, quant ils sont aussi grans les uns comme les autres, aux tuyaux des esles qui sont plus tendres des jeunes que des vieulx.

Item. L'en congnoist ceulx de rivière à ce qu'ils ont les ongles fins, noirs, et aussi ont les piés rouges, et ceulx de paillier les ont jaunes.

Item. Ont la creste du bec, c'est assavoir le dessus, vert tout au long, et aucunes fois les masles ont au travers du col, endroit le hasterel[2], une tache blanche. Et sont tous d'un plumage et ont la plume de dessus la teste très ondoiant.

Item. Coulons ramiers sont bons en yver, et congnoist-l'en les vieulx à ce que les venneaulx[3] de leurs esles sont tout d'une couleur noire, et les jeunes d'un an ont les venneaulx cendrés et le surplus noir.

Item. L'en congnoist l'aage d'un lièvre au nombre des pertuis qui sont dessoubs la queue, car pour tant de pertuis, tant d'ans.

Item. Les perdris qui ont les plumes bien serrées et bien joinctes à la char, et sont arrangéement et bien joinctes, et sont comme les plumes sont sur un esprivier, sont fresches tuées. Et celles dont les plumes se haussent contremont et laissent la char, et se desrangent de leur siège et vont sans ordre çà

---

[1] Canards.

[2] La nuque.

[3] On nommait *vanneaux* les plumes adhérentes au second os de l'aile.

et là, sont vieilles tuées. — Item, à tirer les plumes du braier[1], le sent-l'en.

Item. La carpe qui a l'escaille blanche et non mie jaune, ne rousse, est de bonne eaue. Celle qui a gros yeulx et saillans hors de la teste, et le palais et langue mols et ouny[2], est grasse. Et nota, se vous voulez porter une carpe vive par tout un jour, entortilliez-la en foing moullié, et la portez le ventre dessus, et la portez sans luy donner air, c'est assavoir en bouge ou en sac.

La saison des truites commence en[3]   et dure jusques à septembre. Les blanches sont bonnes en yver, et les vermeilles en esté. Le meilleur de la truite est la queue, et de la carpe c'est la teste.

Item. L'anguille qui a menue teste, becque délié, cuir reluisant, ondoiant et estincelant, petits yeulx, gros corps et blanc ventre, est la franche. L'autre est à grosse teste, sor[4] ventre, et cuir gros et brun.

II

LA PLAINTE DU CARESME[5].

[Année 1644.]

Messieurs,

Je serois fort trompé si je gaignois ma cause.

---

[1] Le ventre.
[2] Unis.
[3] Un mot est resté en blanc dans le manuscrit.
[4] Jaune.
[5] *La plainte du Caresme. A Paris, de l'Imprimerie des*

Adressant mes plaintes à mes ennemis, et choisissant mes parties pour juges et arbitres, ce seroit un miracle si je n'estois point condamné. Ou bien on me traitteroit de mesme que la vertu, à qui tout le monde donne de la louange sans l'aymer et la suivre.

Les âmes impures, et dont le trafic et la conduite de la vie est dans le déshonneur, parlent le plus avantageusement de la chasteté. Le larron condamne son semblable, et personne ne parle mieux de l'abstinence qu'un yvrongne quand il est saoul. Ainsi je m'imagine qu'on me louera en général, et que j'auray l'approbation universelle d'un chacun, sans que pas un me reçoive. Je suis comme les remèdes, dont la science et connoissance donne du plaisir, et la practique et application est accompagnée pour l'ordinaire de douleurs.

J'estime, Messieurs, que lorsque vous entendrez seulement mon nom, la couleur vous montera au visage, vous froncerez le front, vous me regarderez de travers, et entrerez en mauvaise humeur.

Je m'appelle Caresme, et me plains hautement de ce que je ne suis plus ce que je dois estre : en cela plus misérable que tous les autres saisons et temps de l'année. L'hiver est toujours hiver, et plus il est rude, plus on pense devoir posséder de santé. Le printemps n'est jamais désagréable, à cause de ses

nouueaux caracthéres inventez par P. Moreau, Mᵉ Escrivain juré à Paris et Imprimeur ordʳᵉ du Roy.

Et se vent en la Boutique, au Palais, à la Salle Dauphine, à l'enseigne de la Vérité, par F. Rouuelin. 1644.

Avec permission.

fleurs. On souffre les ardeurs de l'esté avec patience. Et l'automne, enrichissant tout le monde de ses fruicts, est receu avec contentement et plaisir.

Il n'y a que moy dont la mine seule desplaist, la pratique dégouste, et l'usage est à contre-cœur. Et néantmoins je suis la saison saincte, le temps d'acception, les jours de salut, le porteur de la grâce et le chemin asseuré de vostre bonheur. Toutes ces belles qualitez ne me peuvent rendre aimable, ou parce que vous les haïssez comme contraires à vos divertissemens indiscrets et aux plaisirs déréglez de vostre vie, ou bien à cause que vous estes ennemis de vostre bien et opiniastres à vostre perte. Ainsi on pourroit quasi dire que je ne suis pas Caresme, à cause que vous n'estes pas chrestiens, et que n'estans plus en pratique ny en crédit chez vous, vous estes hors de l'exercice de la vertu.

Je me plains encore à vous de ce que, me méprisant, vous n'avez pas soin de vous-mesmes, à qui l'abstinence seroit salutaire, et le jeusne un remède présent à toutes les foiblesses et infirmitez de vostre esprit. Et c'est ce qui vous déplaist, par une resverie extraordinaire, vous persuadant que vous estes sains lorsque vous estes les plus malades. Vous jugez de vostre esprit par vostre embompoint, ne croyant avoir de sainteté qu'autant que vous avez de santé, et que les incommoditez de vostre corps faisant de la peine et du travail à vostre esprit, le jettent hors du repos et de la tranquillité dont il jouit, ne refusant rien à sa sensualité.

D'où vient que si moy Caresme vous destourne de dormir aussi profondément que vous avez accoustumé; que si vous ne ronflez pas si fort, et n'avez pas tant d'ardeur et de disposition au plaisir de la couche, dès le jour des Cendres vous me bannissez jusques après Pasques.

La délicatesse des dames ne peut aucunement me souffrir. Leur disposition me combat : j'efface la vigueur de leur teint, je ternis l'éclat de leurs yeux, elles toussent plus et parlent moins, on ne peut bien cajoler le ventre vuide, leur entretien a je ne sçay quoy de maigre et de déplaisant. Enfin, elles reprennent la chair de peur de devenir poisson, et les passe-temps des jours gras font donner congé au pauvre Caresme.

Ces gens d'importance, qui pensent que le monde ne seroit pas monde sans eux, et que tout périroit s'ils estoient morts, et que leurs incommoditez n'apportent point moins de dommage que les éclypses du soleil, me hayssent autant qu'ils s'aiment. S'ils crachent un peu plus que de cous- tume, ils s'imaginent que c'est quelque ouïstre mal digérée, quelque poisson mal cuit, ou quelque sau- piquet et sausse de caresme mal-aprestée. Ils appréhendent les catharres et les fluxions, et sous un brevet de médecin, de peur de devenir malades, ils renvoient le pauvre Caresme chez les gueux et les coquins. Ainsi l'abondance les empesche de jeusner, et la passion qu'ils ont de conserver leur chair, les esloigne de faire abstinence : comme si les animaux de haute graisse n'estoient pas plus proches de leur fin que ceux qu'on entretient pour le travail.

Il n'est pas jusques aux pauvres qui me bannissent

autant qu'ils peuvent, si leur misère et leur disette ne les contraignoit à me recevoir à leur grand regret, du moins pour ce qui est du jeusne. Ils n'espargnent point la chair quand ils en rencontrent, non plus que les valets des grands, qui mangent leurs restes par mesnage. Ainsi la fin du crime des maistres est le commencement de celuy des serviteurs. L'exemple peut tout et au bien et au mal, il n'y a quasi point de crimes qu'un seul puisse commettre; le péché est contagieux, le venin coule de l'un à l'autre, celuy qui a l'haleine puante empeste ceux qui l'abordent; les meschants vont toujours en troupe, et principalement quand il faut faire la guerre à Caresme.

Ceux qui me gardent le mieux et qui font semblant de me chérir, ne laissent pas de se plaindre. Ils accusent la mauvaise nourriture, mon entretien fascheux; et toutes les indispositions qui leur arrivent sont des appanages et des effets de ma mauvaise compagnie. Néanmoins, ils ne laissent pas de faire gloire d'estre de mes amis : ce qui évente la vertu de leur pénitence et leur en fait perdre le mérite, y trouvant d'autre costé leur compte, en ce qu'ils donnent de la compassion et de la pitié, attirant par ce moyen de quoy soulager leurs austéritez et jeusner plus à leur aise.

Tous ces desseins sont esloignez de mon institut, et à toutes ces sortes d'esprits je ne suis non plus Caresme que le mardy-gras. Celuy-là seul me garde parfaitement, qui lève sa face, et est aussi gay dans le jeusne comme dans les festins, qui est aussi content d'estre vuide que plein, estimant que le royaume

de Dieu n'est ny viande ny poisson, et que pour
commencer à vivre en terre comme les anges, il
ne faut quasi point manger, ou fort peu. Un corps
trop carressé et la chair dans ses aises n'est jamais
animée d'un bon esprit ; moins on a de matière,
plus on est capable de s'eslever ; la foiblesse du
corps est réparée par les forces de l'âme : elle se
nourrit et s'engraisse à mesure que cette masse de
corruption est desseichée par les mortifications et
austéritez.

Celuy-là employe bien le temps de la pénitence,
qui punit et corrige ses crimes sous les yeux de la
seule Divinité, s'esloignant des regards de toutes les
créatures, de peur que la présomption et la vanité
ne fasse de celuy qui devroit estre sainct un hypo-
crite. Toutes les actions desquelles on espère récom-
pense de Dieu doivent estre pour Dieu : si elles
regardent ailleurs, elles perdent et leur saincteté
et leur mérite.

Ainsi, moy Caresme, dont l'institution est
divine, l'exemple de Jésus-Christ en est la preuve,
m'ayant enseigné en me pratiquant et me sancti-
fiant par l'usage qu'il en a fait, afin que je sois
véritablement Caresme, il n'y a point de plaisir, de
volupté ny de contentement dont je ne doive estre
la privation et le retranchement pour estre saint.
Le plaisir d'un pénitent est de n'en avoir point, sa
satisfaction sont ses larmes, et sa gloire de ne par-
donner aucun défaut ny imperfection à soy-mesme,
pour obtenir la grâce de son Dieu.

Messieurs, maintenant, je vous conjure de rentrer
en vous-mesmes, et considérer toutes vos actions,

pour voir si vous m'avez receu chez vous, ou si vous m'en avez banny ; et vous trouverez que je n'y suis qu'en peinture et non pas en effet. Vous parlez du caresme sans le pratiquer, vous vous plaignez de mes austéritez sans en avoir l'usage. Enfin, vous remarquerez que si je suis Caresme ce n'est pour vous, que si je suis abstinence ce n'est pas à votre égard ; et que si je suis jeusne, ce n'est pas pour ceux qui souppent mieux qu'ils ne disnent, et dont le superflu des collations seroit capable de nourrir une infinité de pauvres.

Pour remède à tant de mespris, je vous donne avis de bailler à manger à ceux qui meurent de faim, à boire à ceux qui ont soif, afin que la nécessité d'autruy soit vostre vertu, et que le soulagement de la misère de vostre prochain tourne à vostre avantage, acquérant par vos libéralitez le bon-heur dont la délicatesse de vostre vie vous priveroit pour une éternité.

Si vous m'accordez cette grâce, vous serez favorables à vous-mesmes, la pitié que vous aurez des infortunes d'autruy reviendra à vostre proffit. Ce que vous ferez pour les moindres des serviteurs de mon Maistre, sera reconneu avec abondance : un verre d'eau sera récompensé d'un torrent de volupté dont la source sera sans fin, et la divine Providence n'aura permis des misérables que pour vous donner sujet d'aller au devant des mal-heurs éternels dont vous estes proches. Ce sera le véritable usage de vos biens de racheter vos péchez par l'aumosne. Ce sera une eau béniste qui esteindra les flammes de l'enfer qui vous menacent, un secours pour vous relever du précipice où vous estes, et une espèce de réconciliation que vous ferez avec moy Caresme, lorsqu'il y en aura quelqu'un qui jeusnera et fera abstinence pour vous, dont le mérite de la saincte Quarantaine vous sera attribué. Ainsi, si je ne suis pas condamné, je m'estimeray heureux de ce que dans mes conseils et le gain de ma cause, vous y rencontrerez vostre salut.

III

EXTRAIT, DU

MAISTRE D'HOSTEL

Par Pierre DAVID[1].

[Année 1659.]

L'ORDRE ET LE POUVOIR DU MAISTRE D'HOSTEL. Dans les maisons qualifiées, la charge de maistre d'hostel n'est pas une des moins considérables. Le nom emporte la signification de la chose et la fait cognoistre, sans qu'il soit besoin d'un long discours pour en descrire et la définition et la division.

[1] *Le maistre d'hostel, qui apprend l'ordre de bien servir sur table et d'y ranger les services. Ensemble le sommelier qui enseigne la manière de bien plier le linge en plusieurs figures. Et à faire toutes sortes de confitures, tant seiches que liquides. Comme aussi toutes sortes de dragées et autres gentillesses fort utiles à tout le monde.* — Voy. ci-dessus, p. 37.

Toutefois, comme toutes les Testes Couronnées et toutes celles de haute et éminente qualité ne sont pas de semblable espèce, mais sont différentes en beaucoup de circonstances, de mesme tous les Maistres d'Hostels ne sont pas semblables en leur pouvoir et en leurs fonctions. J'en parle icy assez généralement, et mesme assez succinctement : chacun en prendra ce qu'il jugera luy estre nécessaire ou utile.

Pour avoir donc cette qualité dans une maison, il 'n'est pas besoin de donner advis qu'il faut s'addresser ou au Seigneur ou à la Dame, ou mesme à leur Intendant, et je suppose que le Maistre d'Hostel ayant satisfait à ce devoir, est arresté. C'est pourquoy je juge à propos que, d'abord qu'il prendra possession de la charge, il fasse visite générale et exacte de l'Office et de la Cuisine. Dans l'Office, il fera une espèce d'inventaire de la vaisselle d'argent en pièce et en poids par destail, comme aussi du linge et des ustensilles qui s'y rencontreront. Dans la Cuisine, il verra et considérera toutes les provisions tant de bouche qu'autres, qui pareillement s'y trouveront. Et après avoir donné les ordres nécessaires tant au Chef d'Office qu'à l'Escuyer de Cuisine, il ira luy-mesme achepter les viandes et autres choses qu'il jugera à propos pour le service.

Estant de retour, il ira derechef à l'Office et à la Cuisine, et ordonnera des mets, des services, des repas, l'heure duquel il fera tarder ou avancer selon l'ordre qu'il aura receu. L'heure du repas estant venuë, il prendra une serviette blanche, qu'il plyera en long et ajustera sur son espaule, à l'ordinaire; remarquant qu'elle est la marque de son pouvoir, et le signe particulier et démonstratif de son Office. Il peut servir l'espée au costé, le manteau sur les espaules et le chapeau sur la teste, mais tousjours la serviette en la posture que j'ay dit.

Le premier service estant dressé, il marchera devant, et le fera porter sur table par les personnes qui seront destinées à cet employ. En entrant dans la salle où est la compagnie, il ostera son chapeau, et incontinent après il le remettra sur sa teste. Il couvrira la table de plats et d'assiettes, commençant par le haut bout, et continuant jusqu'au bas. De sorte qu'il pourra mettre le premier plat au haut bout, comme j'ay dit, mais à la droite du cadenas ou couvert; le second à la gauche : et entre les deux plats une assiette vollante sur un porte-assiette vis-à-vis de la sallière, et fera la mesme chose jusques au dernier plat.

La compagnie se mettant en estat de laver les mains, il prendra la serviette d'essuy par les deux bouts, et lorsque la cérémonie en sera faite, il la luy jettera doucement et adroitement. Et lorsqu'elle luy aura esté renduë, il la reportera au buffet.

Il s'arrestera dans la salle derrière la chaise du haut bout de la table, ou derrière celle du Maistre jusques à ce qu'il faille aller quérir le second service. Pour quoy faire, il emmènera avec soy suffisamment de monde pour porter les plats et les assiettes. Il marchera tousjours devant, il couvrira la table de mesme façon qu'au premier, et continuera ainsi tous les autres. Et particulièrement il

aura tousjours l'œil sur le Maistre ou sur la Maistresse, attendant toujours le signe de servir ou de
desservir. Enfin, après avoir levé le dessert et osté
les assiettes et la nappe, il donnera ordre à faire
servir les autres tables.

Il est à remarquer que pendant le repas il a
pouvoir de commander à tous les officiers de la
maison, sans y comprendre toutefois les gentilshommes, les damoiselles, les filles de chambre et
les valets de chambre, ausquels il n'a ordre ny pouvoir que de leur donner les choses nécessaires pour
leur repas. J'ay dit : pendant le repas, mais j'ad-
jouste qu'il a toûjours le pouvoir lorsqu'il n'y a
point d'Escuyer, lequel ordinairement commande à
ceux qui portent les couleurs.

Il aura soin de faire les provisions qui dépendent
de sa charge, et qui se font ordinairement aux
quatre saisons de l'année, comme par exemple :

En esté, de bois et de charbon ; de confitures de
toutes sortes, tant sèches que liquides ; de pastez de
toutes sortes, et fruits ; de syrops rafraischissans ;
de concombres, pourpier, passepierre sallées et
vinaigrées ; de champignons, morilles, mousseron
sec ; de vinaigre de toutes sortes de fleurs et de
gousts.

En automne de vin ; encore une fois de bois et de
charbon, en cas qu'on n'y ait pourvu suffisamment
en esté ; de lard à larder, chandelle, etc.

En hyver de glace et de neige dans les glacières ;
de rosolis, populo, angélique, etc.

En printemps, il fera les provisions de la campagne et de l'armée, comme seroient lard à larder,

jambons de Mayence, de Bayonne et autres; Sosissons de Boulogne, gros et petits; langues de bœuf salées; cuisses de bœuf désossées, grasses, salées et fumées; fromages de Brie affinez; fromage de Rochefort de haut goust; fromage de la grande Chartreuse à la cotte rouge; un baril d'anchois; un baril d'olives de Lucques; du poivre noir, du poivre blanc; du gingambre, des cloux de giroffle massifs, de la canelle, du poivre long; gomme d'adragan, escorse de citron verte; musque, ambre gris, etc.

Il est encore du devoir et de la charge du Maistre d'hostel, que ces provisions de campagne estant faites, il les fasse soigneusement serrer dans un coffre, lequel il fera charger sur un chariot, fourgon ou mullets. Et qu'il n'oublie pas d'y faire mettre du sucre, des amandes, des pistaches, de la bougie, de la chandelle, et quelques flambeaux de cire jaune.

Il fera de plus emplir les cavès et les cantines de bouteilles de bon vin de Bourgongne ou d'Espagne, ensemble les autres liqueurs délicieuses dont nous avons parlé cy-dessus traitant des provisions qui se peuvent faire en hyver, comme blanquette, rosolis, populo, angélique, outre le vinaigre rosart et l'huile vierge pour les salades.

Après quoy, il n'oubliera pas aussi la vaisselle d'argent soigneusement serrée et fermée, le linge de table et toutes autres ustensilles nécessaires pour l'Office et pour la Cuisine. Comme, par exemple, un four de cuivre rouge, trois poislons, une bassine, un fourneau de fer, des verres et des bouteilles, un mortier de marbre : et ces choses sont pour l'Office.

Pour la cuisine, six marmites qui se mettront l'une dans l'autre ; deux chaudières, deux grandes casso-lettes, une poisle à frire, une autre poisle à fricas-ser, un poislon, une cueillier à pot, une escumoire, des lardoires, des tripiers [1] de fer, deux chenets, deux hastiers plyants, des broches grandes et petites, etc.

Il ne sera pas mal à propos d'insérer icy en pas-sant quelque chose du devoir du Chef d'office et de l'Escuyer de cuisine. Le premier desquels sera advisé de mettre derrière son cheval, en cas de long voyage de campagne ou d'armée, une bougette garnie d'assiettes, cousteaux, cuilliers, fourchettes, autant qu'il en est nécessaire pour dresser le cou-vert de la table; comme aussi de plats et d'assiettes pour dresser le fruict.

L'Escuyer de cuisine se garnira aussi d'une bou-gette remplie de mesme de plats et d'assiettes néces-saires pour les potages et premier service.

Leurs aydes pourront porter sur leurs chevaux de basts le reste des fournitures nécessaires et les provisions des repas qui se pourront transporter facilement.

Pendant le voyage, l'heure du partir estant venuë, le Chef d'office et l'Escuyer de cuisine n'oublieront pas, l'un ses lardoires et l'autre son essay [2]. Ils monteront à cheval, et s'en iront ou à la disnée ou à la couchée. Estant arrivez à l'hoste-lerie, ils prendront tout ce qui sera nécessaire pour le service de la table et pour leur train, par bon

[1] Trépieds.
[2] Voy. ci-dessus, p. 185.

compte et à honneste composition ; ils le distribueront ensuite ainsi qu'il leur sera ordonné. Le repas achevé et leur vaisselle d'argent serrée, ils rendront leurs comptes au Maistre d'hostel ; lequel ayant satisfait partout avec ordre, justice et mesure, ils continueront leur voyage gaillardement et lestement. Car pourveu que le Maistre soit bien servy, les officiers contens, qu'ils n'y souffrent ny perte ny dommage, et qu'ils rapportent le moule du pourpoint, certainement tout ira bien.

Dieu leur en fasse la grâce.

Du SOMMELIER. Le sommelier entrant dans sa charge doit d'abord rendre ses devoirs à monsieur le Maistre et à tous autres qu'il appartiendra. Il doit ensuite se faire instruire de l'ordre du service de la table, et de la distribution des choses qui seront mises en sa charge. S'estant enfin chargé par compte de la vaisselle d'argent et du linge concernant son office, l'heure venuë qu'il sera obligé de se mettre en estat de servir, il accommodera son couvert dans une corbeille garnie d'une nappe, dans laquelle il mettra les bassins, l'éguière, la sous-couppe, les cadenas, les flaccons, la sallière, les assiettes, les cousteaux, les cueilliers, les fourchettes, les porte-assiettes, deux nappes, les serviettes, dont au moins il y en aura deux plyées en baston rompu [1], le pain et autres choses nécessaires au couvert de table ou du buffet.

---

[1] « Pour bastonner, il faut prendre une serviette, la plier de travers, et la plisser avec les doigts par petits plis le plus

L'heure venuë de couvrir la table, luy et son ayde ou valet prendront la corbeille ainsi garnie, et la porteront dans la salle ou chambre du repas, sans oublier le sucrier et le vinaigrier garni, dont l'un portera l'un, et l'autre portera l'autre.

D'abord estant entrez, et ayant posé leur corbeille, ils garniront la table du buffet d'une nappe; ils mettront les bassins sur cette nappe au long de la tapisserie, puis ils disposeront les flaccons et l'éguière, en faisant une rangée entremeslée; au-dessous de laquelle ils en feront une autre, qui sera composée des sous-couppes, du sucrier, des verres qu'il placera la patte dessous, et sur chaque sous-couppe un verre.

Ensuite, il mettra la nappe du couvert, et sur icelle la sallière et les porte-assiettes, puis les assiettes en tel nombre qui sera nécessaire. Mais il les placera en telle sorte que les armes soient tournées vers le milieu de la table, et que les assiettes débordent de quatre doigts hors de la table.

A la main droite de chaque assiette, il mettra les cousteaux, toujours le tranchant vers elle, puis les cueillers le creux en bas, sans aucunement les croiser, ensuite le pain sur les assiettes, et la serviette par dessus.

Il est à remarquer que le haut bout de la table se prend ordinairement du costé des fenestres les plus esloignées de la porte, du costé de la cheminée.

Que s'il y a un cadenas, lequel ne se met ordi-

bas et le plus délié qu'il se peut... Vous la pouvez mettre tout de son long ou la plier en deux, en trois ou en cœur. » P. David, p. 13.

nairement que devant les Princes et les Ducs et
Pairs, il le faut mettre à la main droite de l'assiette,
garnir la sallière de sel, et mettre sur ce cadenas
une serviette, sur laquelle seront mis le cousteau,
la cueillère et la fourchette; et ensuite estendre
encor une serviette qui couvrira le couvert et le
cadenas.

Il est aussi à remarquer qu'il ne faut mettre
aucun couvert au bout de la table ny au droit du
cadenas. Comme le nombre des assiettes excède
ordinairement celuy de ceux qui doivent seoir à la
table, il en faut faire plusieurs piles, que l'on
mettra sur la table du buffet de la longueur de la
table, et sur chaque pile une serviette pliée en
baston rompu, par dessus laquelle il en faut ren-
verser une autre ou plusieurs, qui serviront à
essuyer les mains quant elles auront été lavées.

Au bout de la table du buffet, il faudra placer la
cuvette et la buye pleine d'eau.

Le Sommelier donc, ayant ainsi dressé son couvert, il disposera son fruict, et le dressera sur des
pourselines, ou sur des plats de quelque matière
que ce soit et tèls qu'ils se trouveront en la maison.
Il garnira ensuite les assiettes vollantes et les salades
le plus proprement qu'il luy sera possible.

L'heure du repas estant venuë, il portera le vin,
il présentera à laver, il fera l'essay du vin et de
l'eau, et demeurera debout proche du buffet, où il
attendra les ordres qui luy seront donnez.

IV

EXTRAIT DE

LA MAISON RÉGLÉE

Par AUDIGER[1].

[Année 1692.]

DE L'AUMOSNIER. La charge et le devoir d'un aumosnier regardent principalement le service divin qu'un grand seigneur fait faire dans sa maison; et dans cette qualité il a la direction de la chapelle et le soin de tous les ornements sacerdotaux. Pour bien et dignement remplir cette place, il faut qu'il soit honneste homme, sans reproche, de bon exemple, sçavant pour instruire, grave, sans familiarité, pour imprimer le respect et la vénération qui sont dûs à son caractère.

Il célèbre la messe aux heures prescrites; fait la prière soir et matin, où tout le monde de la maison doit estre appellé, tant le seigneur que ses domestiques; bénit les viandes au commencement des repas, et rend grâces à la fin.

Il doit aussi catéchiser les domestiques, les instruire charitablement, veiller à leur conduite, prendre garde qu'ils ne manquent point de s'approcher des sacremens aux quatre solemnitez de l'année, les corriger des paroles sales et deshonnestes, leur défendre de la part du seigneur les fréquenta-

[1] Voy. ci-dessus, p. 217, et *La cuisine*, p. 195 et 238.

tions dangereuses, l'avertir de leur bonne ou mauvaise conduite ; et pour le dire en bref, il doit en avoir soin comme leur curé domestique, et ne leur rien souffrir d'irrégulier ni de contraire aux bonnes mœurs.

De l'intendant. Il faut qu'un intendant, pour se bien acquitter de son employ, sçache et entende parfaitement les affaires. Et outre cela, qu'il soit honneste homme, plein de probité et de conscience, intelligent, vigilant et actif, car de son esprit et de sa bonne conduite dépendent souvent la perte ou le rétablissement d'une maison.

Sa charge et fonction concernent généralement tous les biens, revenus et affaires d'un grand seigneur; desquelles il doit sçavoir de point en point l'état, la force et le produit, afin que sur cela il gouverne la dépense, et donne ordre aux dettes les plus pressées, dont il doit sur tout prendre une exacte connoissance, afin d'éviter l'embarras et les chicanes qui pourroient arriver à ce sujet. Comme la plûpart des plus grands biens des personnes de qualité sont à la campagne, et qu'ils ont des fermiers ou receveurs en chacune de leurs terres, l'intendant en doit avoir soin, et choisir au renouvellement des baux les meilleurs et les plus solvables; prendre garde que pendant le temps de leurs fermes, ils ne dissipent point les revenus, qu'ils ne dégradent point le fonds, et qu'ils ne coupent aucun bois ny arbres que ceux portez par leurs baux. Il doit aussi avoir soin des étangs, bois, prairies, métairies, maisons de ville, et particulièrement des droits seigneuriaux pour qu'ils ne se perdent ny ne se prescrivent point, faute de les percevoir en temps et lieu, ou d'avoir fait pour cela les diligences nécessaires.

Il faut encore qu'il tienne mémoire de l'argent qu'il donne au maistre d'hostel pour les dépenses ordinaires de la maison ; voir s'il est employé utilement, et luy en faire rendre compte tous les huit jours, afin que rien n'échappe à sa connoissance ; l'obliger à luy fournir tous les mois un état régulier et général de la dépense qui se fait ou qui se peut faire, afin qu'il le montre au seigneur, pour qu'il proportionne toutes choses suivant ses revenus et ne s'engage point mal à propos en des dépenses superfluës et hors ses forces.

Il doit pareillement tenir registre par devers luy de tout l'argent qu'il reçoit, ainsi que de la distribution qu'il en fait, tant au seigneur qu'aux officiers et autres domestiques de la maison, comme aussi aux marchands, et pour les payements des pensions, et réparations des biens et maisons tant de la ville que de la campagne, dont il tirera bonnes quittances des uns et des autres, pour justifier valablement de ses emplois lorsqu'il sera obligé d'en rendre compte.

Il est encore de son devoir d'éviter la brouillerie et la confusion dans les affaires autant qu'il luy est possible, et de ne point laisser tomber le seigneur dans des frais et dépens inutiles. Et lorsqu'il se présente quelque affaire nouvelle et difficile, il doit avant que de s'engager dans des procédures, prendre bon conseil et le bien exécuter.

C'est ainsi que les intendans, par leur soin et capacité, soûtiennent et remettent sur pied des maisons presque ruinées. Au lieu que d'autres, par leur faute èt négligence, abisment et sont cause de la ruine totale des plus illustres, ainsi que nous avons vingt exemples récens et notables dans les maisons de plusieurs princes et autres grands seigneurs assez connus parmi le monde.

Il faut aussi, pour plus grande régularité, qu'un intendant donne au maistre d'hostel un état de la manière qu'il faut que la maison du seigneur soit gouvernée; lequel état doit estre le mesme que celuy cy-devant écrit, ou du moins à fort peu de choses près. Enfin, il doit prendre connoissance de tous les marchez que le maistre d'hostel fait avec les marchands, comme avec le boucher, le rôtisseur, le boulanger, le charcutier, l'épicier, le chandelier, le marchand de vin, de bois, de charbon, de foin, de paille et d'avoine, afin qu'il n'ignore de rien, et donne partout les ordres nécessaires. Ce qui est bien exécuté, chacun est content et personne ne se plaint.

Du secrétaire. Il faut, de mesme que l'intendant, qu'un secrétaire soit bon praticien et versé dans le Palais, et au surplus homme de probité, incorruptible, discret et prudent, attendu la déposition du secret dont le seigneur luy fait confidence. Il doit avec cela sçavoir bien écrire, ortographier, chiffrer et déchiffrer toutes sortes de lettres et caractères dont on se sert dans les lettres, pour tenir les négociations des affaires de conséquence secrètes et hors de la connoissance du vulgaire.

Il est encore de son ministère de sçavoir bien faire et dresser toutes sortes de comptes, suivant les choses qui luy sont commises, ainsi que de donner le bon tour à une lettre sur peu de mots qu'on luy aura dit, ou pour faire réponse à quelque autre : en quoy il doit estre juste et sincère, sans y rien ajoûter ny diminuer qui puisse en altérer le sens ny paroistre changer en rien la volonté du seigneur. Enfin, il faut qu'il soit vigilant, prompt et actif à faire les expéditions qui luy sont ordonnées, afin que personne ne languisse après, et que le seigneur soit toujours content de ses soins et de son application.

DE L'ÉCUYER. La charge d'écuyer tient encore le haut rang parmy les domestiques les plus considérez d'un grand seigneur. Elle regarde le soin de commander à tous les gens de livrée, et pour cela il doit estre fort diligent et ponctuel à se lever matin pour faire lever les cochers et palfreniers, et leur bien faire panser les chevaux, enlever la litière, nétoyer l'écurie, envoyer les chevaux à l'eau, voir luy-mesme si les pieds sont en bon état et s'il n'y manque rien ; donner ordre de leur laisser manger un peu de foin quand ils sont revenus de la rivière, avant que de leur donner l'avoine, laquelle avoine il leur fera donner en sa présence, après avoir esté bien vannée et nétoyée de toutes sortes d'ordures ; prendre garde s'ils la mangent bien, et s'il n'y en a point de dégoûtez ; ordonner qu'on fasse les crins à ceux qui en ont besoin ; voir si le foin est bon et la paille saine et d'aucune mauvaise odeur. Il faut aussi qu'il ait soin de les faire mettre au fillet deux heures par jour, c'est-à-dire une heure le matin et l'après-disnée, et qu'il sçache leur faire revenir l'appétit lorsqu'ils sont malades.

Il doit pareillement se connoistre en chevaux, les sçavoir monter et dresser, et ne pas manquer de leur faire donner deux coups d'étrille avant que de les mener à l'eau, le soir ; ainsi que de visiter les selles, harnois, housses, pistolets, carosses, pour voir si tout en est bon et seur. Il doit de mesme visiter le foin, la paille et l'avoine quand on en fait les provisions, et voir si tout en est bon, loyal et marchand. Avoir soin tous les soirs de faire faire une bonne litière aux chevaux, prendre garde qu'il n'y ait rien qui les dégoûte, et leur bien faire laver les jambes lorsqu'ils reviennent de la ville ; et faire choix d'un bon mareschal, d'un bon bourelier et d'un bon charon, car de tout cela dépend la conservation des chevaux : et c'est à quoy un bon écuyer doit s'appliquer particulièrement.

Il est encore de son ministère de prendre garde que les cochers, postillons et palfreniers ne soient yvrognes, et qu'ils ne vendent le foin ny l'avoine, comme il arrive assez souvent par la faute et négligence de certains écuyers ; comme aussi qu'ils ne détournent point de harnois ou licols, et leur faire rendre bon compte de tout ce qui leur est mis entre les mains pour l'utilité et service de l'écurie ; leur bien faire laver, écurer et mettre sécher les mords

de brides et autres harnois, et leur défendre expres-
sément de ne point boire ny fumer dans l'écurie,
de peur que le feu n'y prenne.

Si l'écuyer a un sous-écuyer, il faut qu'il luy
donne ordre de prendre soin de toutes les choses
cy-dessus et de luy en rendre compte. S'il n'en a
point, il est obligé de le faire luy-mesme.

Il faut pareillement que l'écuyer ait soin de bien
moriginer les pages et les laquais, ne point souffrir qu'ils jurent, ny qu'ils disent aucune parole
déshonneste; leur faire faire le devoir de chrétien le matin et le soir; les faire tenir bien propres
et bien peignez pour faire honneur au seigneur;
réprimer leurs insolences, les châtier quand ils y
tombent, renvoyer les incorrigibles et les dépravez;
en un mot l'écuyer est le précepteur et gouverneur
des gens de livrées. Il répond en propre tant de
leurs actions que négligences, non seulement au
seigneur, mais encore à Dieu, puisqu'ils luy ont
esté commis à cet effet.

Il doit aussi se trouver au lever du seigneur pour
luy rendre compte de ce qui se passe parmi les
gens de livrées et de ceux qu'il a en sa direction,
et de l'inspection qu'il a sur les chevaux. Il faut
aussi qu'il soit de bon air, qu'il sçache bien parler
pour aller complimenter quand cela luy est ordonné,
afin de s'en retirer avec honneur. S'il n'y a point
de gentilhomme, il doit recevoir les gens de la suite
de ceux qui viennent rendre visite au seigneur,
et leur tenir compagnie en attendant qu'ils sortent.

DES PAGES. Lorsqu'il y a des pages dans la mai-

son d'un grand seigneur, comme estans gentilhom-
mes, ils ne servent qu'à luy faire honneur. On ne
les met là que pour apprendre à vivre et à faire
leurs exercices. Il faut parmi cela qu'ils soient
sages, honnestes, civils, qu'ils s'attachent à bien
faire les commissions que l'on leur donne, qu'ils
suivent par tout leur seigneur et qu'ils ne l'aban-
donnent point. Il faut aussi, pendant qu'ils sont
pages, qu'ils obéissent à l'écuyer dont ils dépendent et qui a soin de leur conduite, qu'ils visitent
souvent les chevaux en son absence. Ce faisant, ils
obligent le seigneur à les considérer, et souvent
par ce moyen ils deviennent écuyers à leur tour.

Du gentilhomme. Le devoir et fonction d'un
gentilhomme auprès du seigneur est de luy tenir
compagnie, et faire les honneurs de la maison,
d'entretenir les personnes de qualité qui luy viennent rendre visite, luy donner la main lorsqu'il est
malade ou incommodé, et l'accompagner à la chasse
et à la promenade. Il faut qu'il soit lettré, et ordinairement quand on prend un gentilhomme, on
cherche une personne de science et spirituelle, qui
ait toujours quelque chose d'agréable dans sa conversation, et propre à aller complimenter les amis
du seigneur sur tous les sujets qui se peuvent présenter. Quand le seigneur monte à cheval, il a toujours le meilleur cheval après luy. Il mange à sa
table, et pour tout dire en un mot, c'est sa compagnie et son favori.

Des valets de chambre. Il faut en premier lieu

qu'un valet de chambre soit fidelle, discret, et que
jamais il ne dise rien à personne des affaires particulières du seigneur ; qu'il ne soit point flatteur,
et n'avance jamais rien dont il n'ait une preuve
véritable, soit contre les autres domestiques ou
contre des étrangers, et plutost demander son congé
et sortir de la maison que d'y rien faire d'indécent
et de malhonneste dans mille choses ou l'on pourroit le vouloir commettre.

Il faut aussi qu'il soit adroit et s'applique à bien
faire les commissions que l'on luy donne ; qu'il
sçache écrire, razer, peigner, et mesme coudre en
cas de besoin ; qu'il ait soin de tenir les habits du
seigneur bien propres et bien nets, et de bien faire
son lit et sa chambre.

Il faut encore qu'il ait soin du cordonnier, du
tailleur, du perruquier, du chapellier, du marchand
de bas, du rubanier et autres, et prendre garde
qu'ils ne trompent point dans ce qu'ils font et fournissent au seigneur.

Il doit de mesme avoir un grand soin de tout ce
que d'ailleurs il peut avoir entre ses mains, sur
tout des armes du seigneur, comme épée, pistolets,
fusils et autres, et de rendre bon compte de l'argent qu'on luy donne pour la chambre, ainsi que
des autres choses dont il est chargé. Et avec cela,
qu'il ne soit point yvrogne, joueur, ni jureur, afin
de donner bon exemple aux autres domestiques.
Quoy faisant, il est estimé du seigneur et de tout le
monde, et ne peut manquer de parvenir quelque
jour à quelque chose de plus considérable.

Lorsqu'il y a un valet de garde-robe, il s'appelle

l'aide d'un valet de chambre, et il doit faire toute la grosse besogne qui concerne la chambre et la garde-robe.

DU GARDE-MEUBLE, TAPISSIER OU CONCIERGE. Il y a beaucoup de maisons où une seule personne occupe ces trois charges, d'autres aussi où elles sont partagées, et où chacune a son officier : c'est suivant le travail et la commodité du seigneur. Le devoir de celuy qui les exerce toutes ensemble consiste en la garde de tous les meubles de la maison, desquels il est le dépositaire, et dont il doit avoir soin de les tenir bien proprement, de les remuer souvent, et de les changer de place de temps en temps pour empescher la vermine qui se peut mettre dans les tapisseries, couvertures et autres meubles ; et du tout bien oster la poussière de peur qu'elle ne les gaste. Il doit de mesme avoir soin de bien ranger son garde[1], afin qu'il sçache et trouve toutes choses à point lorsque l'on les luy demande et qu'on en a besoin.

Il faut encore qu'il fasse rebattre les matelats, racommoder les tapisseries, les chaises, les tables et autres meubles s'il y en avoit de cassez ; et qu'il ait soin de bien couvrir les tableaux, tapisseries, matelats, couvertures, lits de plume, traversins, miroirs et tous autres meubles où il y a de la dorure.

Il faut aussi qu'il sçache rentrer les hautes lisses et autres choses concernans les emmeublemens, et qu'il fasse sa principale affaire de tenir le tout en

[1] Les objets dont il a la garde.

bon état, et d'en rendré bon compte toutesfois et
quantes qu'il en sera requis, suivant le mémoire
qu'il en doit avoir par devers luy.

Quant aux appartemens et meubles tendus, il
doit aussi en avoir un soin particulier, et les bien
ballayer et vergetter tous les jours pour en oster la
poudre et empescher que les araignées ne s'y mettent ; et prendre garde que les souris ne gastent
les tapisseries, et que les vitres des chambres soient
toujours bien propres, bien nettes et bien fermées.

Il est encore nécessaire qu'il sçache lire et écrire
pour tenir mémoire de toutes les dépenses qu'il est
obligé de faire, et pour écrire les noms des personnes allants et venants en l'absence du seigneur.
Quoy faisant et sçachant bien monter ou faire monter des lits et housses de toutes sortes de manières,
on ne luy peut rien demander davantage. Et voilà
tout ce qui concerne son devoir.

Du MAISTRE D'HOSTEL. La charge de maistre
d'hostel regarde la dépense générale qui se fait
journellement dans une grande maison, selon l'ordre qui luy en est donné par le seigneur ou son
intendant.

Pour bien s'acquitter de son devoir, il doit
estre expert et capable d'établir ou maintenir le
bon ordre dans une maison, et ne point manquer à donner à chacun ce qu'il doit avoir sans
augmentation ni diminution.

C'est à luy à choisir de bons officiers tant d'office
que de cuisine ; et quand ils ne se trouvent pas
capables, ou qu'ils ne font pas leur devoir, les

changer, ainsi que les marchands fournissants pour la bouche ou autres dont il doit prendre connoissance.

C'est à luy à faire marché avec un bon boulanger, tant du pain de la table que de celuy des domestiques, duquel il doit tous les jours suivant l'état, et le faire mettre à l'office pour y être distribué par l'officier.

Il faut aussi qu'il se connoisse en vin pour la table du seigneur ; comme aussi en toutes sortes de liqueurs, et en vin de suite et commun qu'il achetera en pièce, et le mettra es mains de l'officier pour en faire la distribution, duquel il luy rendra compte suivant l'ordre et l'état qu'il en a receu.

Il doit encore se connoistre en viande et faire marché avec un boucher, l'obliger par iceluy à luy donner deux issues par semaine, faire peser la viande devant luy et en tenir un mémoire exact.

Il doit pareillement faire marché avec le rôtisseur, et quelquefois aller à la Vallée[1], pour sçavoir le prix courant de toutes choses suivant les temps et saison, et prendre là-dessus les mesures nécessaires pour l'utilité et profit du seigneur. Il faut qu'il en fasse autant avec un chaircuitier pour qu'il le fournisse de lard, de saucisses, d'andouilles, et autres choses concernant les entremets, ainsi que du sain-doux et du vieux oing.

Il faut aussi qu'il se connoisse en toutes sortes de légumes, d'entremets, de fruits et de confitures,

[1] Marché à la volaille et au gibier. Il avait été établi sur le quai des Grands-Augustins par arrèt du Conseil du 3 mai 1679. Il a été supprimé en 1867.

pour en acheter et en faire servir suivant les temps et les saisons.

Il doit encore faire marché avec un épicier pour le sucre, épiceries, bougies, flambeaux de poing[1], huiles et autres marchandises nécessaires à la maison, et avec un chandelier pour la chandelle.

Il est aussi de son devoir d'avoir soin du sel, du poivre, du clou[2], de la muscade, de la canelle, du sucre[3], etc., dont il faut incessamment à la cuisine et à l'office, pour en donner quand on luy en demande.

Il faut encore qu'il ait soin des bateries tant de ladite office que de la cuisine, qu'il les fasse racommoder lorsqu'il en est besoin, qu'il en remplace les pièces qui pourroient y manquer; enfin, qu'il les fournisse de toutes les ustencilles nécessaires, comme mortiers, pilons, tamis, étamines, chausses et autres, ainsi que de balays pour la maison.

Il faut de mesme qu'il ait encore soin d'avoir du bois pour la chambre et pour la cuisine, comme fagots, cotterets, bûches et charbon, et faire distribuer le tout par son valet ou autres gens à sa poste, et prendre garde qu'il ne s'en consomme trop à la cuisine. Il doit aussi faire marché pour l'avoine, le foin et la paille, et en faire les provisions nécessaires dans le temps qu'il y en a la plus grande abondance et que le tout est meilleur marché.

C'est à luy de donner et de fournir aussi pour

---

[1] Voy. *Comment on devenait patron*, p. 195.
[2] Clou de girofle.
[3] Les épices étaient encore chères. Voy. *La cuisine*.

l'écurie toutes les ustencilles nécessaires, comme pelles, fourches, étrilles, époussettes, sceaux, ballays, mesures, vanettes, chandeliers, lanternes, brosses, peignes, et généralement de tout ce qu'on y peut avoir besoin.

Enfin, il faut qu'un maistre d'hôtel sçache régler et disposer les services de toutes les différentes tables dont le seigneur pourroit vouloir estre servi. Par exemple, à une table de six couverts, et pour le premier service à disner, on sert ordinairement un grand potage et deux entrées.

Pour le second service, un plat de rôts, deux salades ou deux petits plats de ragoûts ou d'entremets, et quelquefois les quatre ensemble.

Et pour le troisième service, un plat de fruits et de compotes.

Pour le soir à souper et pour premier service, on sert un plat de rôts, deux entrées et deux salades; et si l'on veut, on relève les salades, et l'on sert à la place deux petits plats ou assiettes d'entremets. Et quant au fruit, c'est de mesme que pour le disner, un plat de fruit et deux compotes...

DE L'OFFICIER D'OFFICE OU SOMMELIER. L'officier d'office ou sommelier d'une maison a la garde de toute la vaisselle d'or et d'argent qu'on luy met entre les mains, du linge de table, de la baterie d'office et de tous les ustensilles, comme il est dit au chapitre du maistre d'hostel, auquel il doit du tout rendre bon compte.

Il a aussi le soin du pain. Il le doit bien recevoir du boulanger, le distribuer suivant les ordres du maistre d'hostel, et prendre garde qu'il ne s'en fasse aucun dégast.

On luy donne encore la clef de la cave : a soin et rend compte de chacune des pièces de vin dont il a la direction, et fait la distribution à ceux à qui il en est ordonné. Ce qui se pratique ainsi. Par exemple, un muid de vin doit tenir deux cens quatre-vingts pintes, et par la distribution il ne doit rendre compte que de deux cens soixante pintes ou de deux cens soixante cinq tout au plus, à cause qu'il est distribué par petites mesures et à cause de la lie. Et par là on ne le peut tromper, ny luy en rien faire passer au maistre d'hostel.

Il doit aussi sçavoir faire toutes sortes de confitures sèches et liquides, compotes, cresmes, biscuits, massepains, sirops, eaux et liqueurs.

C'est à luy à mettre le couvert, à bien rincer ou faire rincer les verres, et de prendre garde à ce que l'eau destinée pour boire soit toujours bonne, bien propre et bien nette.

Enfin, ayant la charge de la vaisselle d'or et d'argent, il doit la bien faire nettoyer soir et matin, la compter tous les jours et la faire serrer. Et s'il en manque quelque pièce, il faut qu'il en avertisse aussitost, afin d'en faire faire la perquisition nécessaire.

L'officier ne peut prétendre que les gages dont il est convenu en entrant avec le seigneur ou son maistre d'hostel. Quant à ses droits et profits, c'est le treizième du pain qui luy est dû par le boulanger qui en fournit la maison ; mais cependant en luy faisant faire son devoir et en tenant la main à ce que le pain soit du poids et de la qualité requise, suivant le marché fait avec luy. Il luy appartient encore les lies et les futailles du vin consommé et dont il a fait la distribution. Voilà tout ce que, sans faire tort au seigneur, il peut légitimement prétendre, et ce qu'on ne luy peut aussi légitimement refuser, attendu que c'est mesme en quelque façon l'intérest du seigneur, et que cela est attribué à un officier pour l'aider à subvenir à ses dépenses particulières, et qui l'oblige, pour peu qu'il soit honneste homme, à faire toutes choses dans l'équité, et à ne songer qu'à bien servir et à faire le profit du seigneur.

Du garçon d'office. Lorsqu'il y a un garçon d'office, son devoir et fonction est de tenir la vaisselle d'argent bien propre, de la compter souvent et en rendre compte à l'officier ou au maistre d'hostel ; et s'il y en a quelque pièce d'égarée, les en avertir, afin qu'ils y donnent ordre. Il doit avoir le mesme soin de tous les autres ustencilles et baterie d'office. Ne pas manquer en prenant du linge blanc de rapporter le sale, et en l'absence de l'officier prendre bien garde à tout.

Il est obligé de mettre le couvert du maistre d'hostel, de ramasser le linge de table pour qu'il ne s'en perde point, et de bien obéir à son officier ou à son maistre d'hostel, afin de parvenir à estre maistre après avoir esté garçon.

De l'écuyer de cuisine. Une des principales

qualitez d'un écuyer de cuisine est la propreté.
Pour cet effet, il doit le matin en entrant dans sa
cuisiné voir que tout y soit en bon ordre, et ses
tables et son garde-manger bien propres et bien
nétoyez. Cela fait, il doit mettre son pot au feu et
disposer ses viandes, ausquelles il faut qu'il se connoisse parfaitement bien, ainsi qu'à les sçavoir
déguiser au goust du seigneur.

Il est encore de sa charge de sçavoir bien faire
la pâtisserie froide et chaude, comme aussi toutes
sortes de ragousts et entremets chauds et froids, et
de prendre garde à ne point faire de dégast des
choses qui luy sont mises entre les mains.

Il faut qu'il sçache aussi faire les partages pour
toutes les tables et domestiques de la maison, et
qu'il ait soin de bien ménager les viandes qui
restent du midy pour le soir et du soir pour le
lendemain midy, afin de faire le profit de la
maison, en les employant souvent à faire de petites
entrées.

Il doit encore sçavoir bien commander et se faire
obéir par ses aydes et garçons, bien conserver et
ménager le bois et le charbon, bien employer le
lard, bien déguiser toutes sortes de poissons, œufs
et légumes, et avoir soin de tenir toûjours son
disner et soûper prests aux heures qui luy sont
prescrites par le seigneur ou son maistre d'hostel ;
et en tout bien exécuter leurs ordres et rendre
bon compte de tout ce qui luy est mis entre les
mains.

Il ne peut prétendre que les gages dont il est
aussi convenu en entrant avec le seigneur. A l'égard

de ses profits légitimes et qu'il doit avoir, comme cela se pratique par toutes les bonnes maisons, ce sont les suifs lorsqu'on lui donne les viandes grasses, la graisse qui tombe dans les léchefrites, les levûres de lard, pourveu qu'il ne les fasse point trop grasses, les vieilles fritures, et les cendres du feu de la cuisine. Voilà tout ce qu'il peut espérer et ce qui luy appartient légitimement ; et cela luy est adapté pour luy servir à ses menues dépenses.

DES AYDES OU GARÇONS DE CUISINE. Le devoir des aydes ou garçons de cuisine, c'est d'avoir soin de tout ce qui concerne la cuisine, de bien faire écurer et nétoyer la baterie, de tenir le garde-manger bien propre et bien net, de mettre le pot au feu aux heures nécessaires, de bien écumer la marmite, de préparer tout ce qu'il faut pour mettre dans les pots, suivant les ordres que leur en a donné leur chef ; de bien éplucher les herbes et autres légumes, tant pour les entremets que pour les ragousts, afin que l'écuyer trouve tout prest lorsqu'il s'en veut servir. Il faut aussi qu'ils aient soin de tenir du bois et du charbon la quantité nécessaire pour la cuisine, et prendre garde de n'en point faire de dégast, et que les autres domestiques n'en prennent pour porter dans leurs chambres : ce qui arrive assez souvent à cause de la trop grande familiarité qu'ils ont les uns avec les autres.

Si par hazard on nourrit et engraisse de la volaille dans la maison, il faut qu'ils sçachent et

ayent soin de leur donner à manger à leurs heures
réglées. Et surtout prendre garde que personne ne
s'approche des pots ni des ragousts, pour qu'il n'y
jette quelque chose qui fasse préjudice au seigneur
ou qui marque que leur chef a manqué.

DE LA SERVANTE DE CUISINE. Le devoir d'une
servante de cuisine est de commencer le matin à
bien nétoyer et balayer la cuisine, jetter de l'eau
partout, bien ranger et écurer la baterie et autres
ustencilles, bien laver et nétoyer la vaisselle d'argent
avec de l'eau de son, et l'écurer quand il en est
besoin avec de la cendre de foin, sans se servir de
grais ny de sablon : car la cendre de foin suffit
pour l'éclaircir quand on s'en sçait servir[1]. Pour
oster les taches qui sont quelques fois dans la vaisselle par le moyen des œufs, faut mouiller la vaisselle et y mettre à l'instant de la cendre bien rouge,
la laisser reposer et l'écurer après. Cela oste les
taches sans qu'il y paroisse plus.

Elle doit aussi balayer tous les jours la salle à
manger et la grande montée, bien éplucher les
herbes et autres menues besognes qui se trouvent à
faire, et aller et revenir de tous les endroits où l'on
l'envoye.

DU RÔTISSEUR. Le devoir et fonction d'un
rôtisseur domestique d'une grande maison est
d'avoir soin d'aller à la Vallée, et de sçavoir choisir
les viandes mortes et vives pour la table du sei-

[1] Voy. ci-dessus, p. 57.

gneur. Il doit aussi sçavoir bien gouverner et
engraisser les volailles, tuer et habiller toutes
sortes de viandes, sur tout le gibier ; bien piquer
et déguiser toutes les susdites viandes, et ne point
faire de dégast du lard.

Il faut encore qu'il ait soin de tenir les viandes
en blanc prestes pour les donner au cuisinier lorsqu'il les luy demande ; de rendre compte tous les
soirs au maistre d'hostel des viandes qu'il a délivrées à la cuisine, tant pour bouillir que pour
les ragousts et rôtisserie ; et s'il y en a qui périssent,
l'en avertir afin de les faire passer les premières, et
conserver toujours les plus fraîches...

DEVOIR ET OBLIGATION DES DOMESTIQUES SERVANS A DE MOINS GRANDS SEIGNEURS, GENS D'AFFAIRES, BOURGEOIS ET AUTRES.

Quoy-que nous ayons dit cy-devant, en parlant
des maisons qui pouvoient approcher de celle du
grand seigneur, que dans l'œconomie qu'on y
doit garder on n'avoit qu'à s'y servir des mêmes
préceptes, et que les domestiques s'y instruiroient
aussi de leur devoir : néanmoins, comme assez
souvent il s'y rencontre une grande différence
entre les emplois des uns et des autres, j'ay jugé
qu'il ne seroit point inutile icy de dire aussi
quelque chose de leur devoir, ainsy que de celuy
de ceux contenus dans la suite de ce livre.

DE L'INTENDANT, DU MAISTRE D'HOSTEL ET DU VALET DE CHAMBRE. Après avoir fait la maison d'un grand seigneur et parlé des gens qui luy sont utiles et nécessaires, nous reviendrons à celles des personnes qui sont bien de mesme qualité, mais qui n'ont pas tant de revenus, et qui par conséquent ne veulent pas avoir tant de monde.

Or donc, avec ceux-cy l'intendant fait souvent et presque toujours la charge de secrétaire et d'homme d'affaires. Et pour s'en bien acquiter, il faut qu'il observe de point en point les mêmes devoirs, et prenne les mêmes soins qu'il est cy-devant marqué pour ces sortes d'officiers dans la maison du grand seigneur.

De même, le valet de chambre fait aussi la charge de maistre d'hostel et celle d'officier. Et comme estant ainsi, après le maistre, le chef de la maison, il doit commander à tous les autres domestiques et avoir un pouvoir absolu sur toutes les choses généralement quelconques concernant les affaires et intérests de la maison. Il faut, pour se bien acquiter de cet employ, qu'il sçache bien régler une maison, et ordonner à chacun ce qu'il faut pour sa nourriture, suivant ou approchant de ce qu'il en est dit cy-devant dans celle du grand seigneur. Il faut de mesme qu'il règle le vin à ceux qui en doivent avoir, et s'il n'y a point de vin au logis, leur donner en argent, ainsi que cela se pratique en beaucoup d'endroits.

Il doit aussi veiller à la conduite des gens de livrées, mettre dehors ceux qui ne font pas leur devoir, et lorsqu'ils manquent à quelque chose de

moindre conséquence, les en châtier par leur
retrancher leur vin pendant quelque temps, ou
quelque chose sur leurs gages, car cela leur est plus
sensible et les corrige plûtost que la main mise
ny tout ce qu'on leur pourroit faire et dire d'ailleurs. Dans beaucoup de maisons, souvent le maistre
d'hostel fait encore la charge d'officier, par ce qu'on
luy donne sous luy une femme de charge qui a
soin du linge et de la vaisselle, de distribuer aux
gens tout ce qui leur est ordonné, et de fournir au
cuisinier ou à la cuisinière tout ce qui leur est
nécessaire pour aprester à manger...

Cet homme doit estre honneste, fidèle, craignant
Dieu, point yvrogne, et cherchant par tout à faire
le profit de son maistre ou de sa maîtresse. Il faut
qu'il tienne bon compte de l'argent qu'on luy met
entre les mains pour la dépense de la maison, qu'il
écrive tout et n'oublie rien, qu'il fasse un état tous
les mois de sa dépense et des emplois qu'il en a fait
pour d'autres affaires particulières, qu'il fasse arres-
ter sa feuille de tous les jours, le soir ou le matin,
par son maistre ou sa maistresse, ou bien par l'intendant s'il est dans la maison, et tous les samedis
faire voir sa semaine, afin que tous les mois il en
fasse un état. Ainsi le maistre, au bout de l'an, voit
positivement ce qu'il a dépensé, et se règle par là
suivant son revenu.

Dans beaucoup de semblables maisons, les maistres
et maîtresses veulent payer eux-mesmes le boulanger, le boucher, le rôtisseur, le chandelier, l'épicier, le bois, le charbon, le foin, la paille et
l'avoine, et tous les ouvriers servans à la maison :

enfin, des grosses sommes ils en font souvent leur affaire. Cela n'empesche pas que le maistre d'hostel n'écrive tout cela, qu'il n'en doive tenir un état, et s'appliquer à sçavoir bien régler leurs mémoires.

Il faut aussi qu'il se connoisse bien en viande, et prenne le soin d'aller à la boucherie, à la rôtisserie, à la Vallée, et les jours maigres au marché pour acheter du poisson et autres choses nécessaires auxquelles il doit aussi se bien connoistre. Et avoir soin toujours de faire resserrer les viandes du disner et du souper qui peuvent servir à faire des entrées.

Comme ayant un plein pouvoir sur tous les autres domestiques, il doit leur commander de bien servir leur maistre ou maistresse. Et s'il arrive quelques différends entre eux, rendre justice à qui il appartient. Il faut aussi qu'il leur enjoigne et tienne rigidement la main à ce qu'ils prient bien Dieu soir et matin, qu'ils ne perdent point la messe les festes et dimanches, et ne manquent pas à s'approcher des sacremens au moins dans les temps que l'Église l'ordonne précisément.

Il doit encore avoir soin des chevaux et des gens qui servent à l'écurie, les faire bien panser et donner l'ordinaire à leurs heures réglées; ne point souffrir qu'il se fasse aucun dégast du foin ny de l'avoine, et donner le tout en compte au cocher ou à quelqu'autre, afin de luy en rendre un compte exact, ainsi que de tous les ustencilles servans à l'écurie, et avoir toujours un soin particulier à ce que les harnois et autres équipages soient toujours bien propres et bien nets, et qu'il n'y manque rien. Tout cela estant bien exécuté, le maistre et la maistresse ne peuvent manquer d'estre bien servis, et de voir régner par toute leur maison la douceur et la tranquillité.

Messieurs les gens de robe, comme Présidens, Maistres des requestes, Conseillers et autres, ont la plupart chez eux un homme qui leur sert de secrétaire et d'homme d'affaires, et un autre qui leur sert pareillement de valet de chambre, d'officier et de maistre d'hostel. Pour se bien acquiter de leur devoir dans tous ces emplois là, il faut qu'ils sçachent et exécutent tout ce qui est cy-devant marqué dans chacun d'iceux en particulier, parce que c'est à peu près la mesme chose et le mesme pouvoir...

DE LA CUISINIÈRE. Dans ces sortes de maisons il y a quelquefois un cuisinier, et souvent il n'y a qu'une cuisinière, qui doit sçavoir se connoistre en viande, parce que c'est elle qui va à la Vallée, à la boucherie et à la rôtisserie, ainsi qu'au marché pour les jours maigres. Il faut aussi qu'elle sçache faire une bonne soupe, déguiser toutes sortes de viandes, en faire des ragoûts, ainsi que du poisson et des œufs, et toutes sortes de légumes pour les autres jours. Comme aussi ne pas ignorer la manière de faire quelques compotes et quelques autres bagatelles pour le dessert.

Elle doit tenir toûjours sa vaisselle bien propre et bien nette, ainsi que la cuisine, et ne point prodiguer inutilement le bois et le charbon, non plus que les autres choses dont elle a le maniement. Elle doit estre encore bien sage, et de bonne conscience dans les comptes qu'elle rend de sa dépense, n'estre ni querelleuse ni flatteuse, s'appliquer uniquement à contenter son maistre et sa maistresse, et les servir toûjours ainsi et aux heures qu'ils luy prescrivent. Il est encore de son devoir de balayer la montée et la salle à manger, de tenir le tout bien propre, et de tâcher sur tout à faire le profit de la maison.

———

V

UN DINER A LA BASTILLE
AU DIX-HUITIÈME SIÈCLE.

(Extrait des *Mémoires* de Marmontel[1].)

Deux heures après, les verroux des deux portes qui m'enfermoient me tirent par leur bruit de ma profonde rêverie, et deux geôliers chargés d'un diner que je crois le mien, viennent le servir en silence. L'un dépose devant le feu trois petits plats couverts d'assiettes de faïence commune ; l'autre déploie sur celle des deux tables qui étoit vacante un linge un peu grossier, mais blanc. Je lui vois mettre sur cette table un couvert assez propre, cuiller et fourchette d'étain, du bon pain de ménage et une bouteille de vin. Leur service fait, les geôliers se retirent, et les deux portes se referment avec le même bruit des serrures et des verroux.

———

[1] Tome II, p. 166.

Alors Bury[1] m'invite à me mettre à table, et il me sert la soupe. C'étoit un vendredi. Cette soupe en maigre étoit une purée de fèves blanches au beurre le plus frais, et un plat de ces mêmes fèves fut le premier que Bury me servit. Je trouvai tout cela très bon. Le plat de morue qu'il m'apporta pour le second service étoit meilleur encore. La petite pointe d'ail l'assaisonnoit, avec une finesse de saveur et d'odeur qui auroit flatté le goût du plus friand gascon. Le vin n'étoit pas excellent, mais il étoit passable. Point de dessert. Il falloit bien être privé de quelque chose. Au surplus, je trouvai qu'on dînoit fort bien en prison.

Comme je me levois de table, et que Bury alloit s'y mettre (car il y avoit encore à dîner pour lui dans ce qui restoit), voilà mes deux geôliers qui rentrent avec des pyramides de nouveaux plats dans les mains. A l'appareil de ce service en beau linge, en belle faïence, cuiller et fourchette d'argent, nous reconnûmes notre méprise; mais nous ne fîmes semblant de rien, et lorsque nos geôliers, ayant déposé tout cela, se furent retirés : « Monsieur, me dit Bury, vous venez de manger mon dîner; vous trouverez bon qu'à mon tour je mange le vôtre. — Cela est juste, lui répondis-je, et les murs de ma chambre furent, je crois, bien étonnés d'entendre rire. »

Ce dîner étoit gras, en voici le détail : Un excellent potage, une tranche de bœuf succulent, une cuisse de chapon bouilli ruisselant de graisse et

[1] Domestique de Marmontel.

fondant, un petit plat d'artichauds frits en mari-
nade, un d'épinars, une très belle poire de cré-
sanne, du raisin frais, une bouteille de vin vieux
de Bourgogne, et du meilleur café de Moka. Ce fut
le dîner de Bury, à l'exception du café et du fruit
qu'il voulut bien me réserver.

DU MÊME AUTEUR :

Les anciennes bibliothèques de Paris (*églises, monastères, collèges, etc.*), d'après des documents inédits. Imprimerie nationale. 3 vol. grand in-4°.

Ouvrage couronné par l'Institut (Académie des Inscriptions.)

A. Dubourg, chronique parisienne du seizième siècle. In-18.

Ouvrage couronné par l'Institut (Académie française.)

PARIS

TYPOGRAPHIE DE E. PLON, NOURRIT ET Cie

Rue Garancière, 8

www.ingramcontent.com/pod-product-compliance
Lightning Source LLC
Chambersburg PA
CBHW070753270326
41927CB00010B/2126

* 9 7 8 2 0 1 3 5 1 5 7 6 4 *